Konjunkturzyklen

Claude Diebolt

Konjunkturzyklen

Eine kurze Zeitreise durch die Wellen des Wirtschaftslebens

Springer Gabler

Claude Diebolt
BETA/CNRS
Universität Straßburg
Straßburg, Frankreich

ISBN 978-3-658-49905-1 ISBN 978-3-658-49906-8 (eBook)
https://doi.org/10.1007/978-3-658-49906-8

Die Deutsche Nationalbibliothek verzeichnet diese Publikation in der Deutschen Nationalbibliografie; detaillierte bibliografische Daten sind im Internet über https://portal.dnb.de abrufbar.

Springer Gabler ist ein Imprint der eingetragenen Gesellschaft Springer Fachmedien Wiesbaden GmbH und ist ein Teil von Springer Nature.
Die Anschrift der Gesellschaft ist: Abraham-Lincoln-Str. 46, 65189 Wiesbaden, Germany

Für Valérie, Florian, Romain und Salomé…
Mein schönster Zyklus!

Vorwort

In meinen Schriften und Vorträgen unterscheide ich häufig zwischen *„Beruf“* und *„Berufung“*. Diese Differenzierung habe ich insbesondere am 8. Januar 2010 im Rahmen der Veranstaltung *„Les Économistes dans la cité“* an der Universität Toulouse 1 Capitole hervorgehoben. Die Veranstaltung wurde vom LEREPS, Le Monde und Mediapart organisiert und fand im Amphitheater Isaac der Manufacture des Tabacs statt. Ausgangspunkt war die Frage, die Königin Elisabeth II. bei einem Besuch an der London School of Economics stellte: „Warum hat niemand die Schwere der Situation erkannt?“ Diese Frage diente als Ausgangspunkt für eine Diskussion über die Rolle, den Platz und die Verantwortung von Ökonominnen und Ökonomen in der heutigen Gesellschaft.

In der zweiten Podiumsdiskussion, an der ich teilnahm, konzentrierte ich mich auf die Natur ökonomischen Wissens: Handelt es sich um wissenschaftliches Wissen oder um den Anspruch auf Wissenschaftlichkeit? Was verleiht der Ökonomie ihre Wissenschaftlichkeit? Entstehen ökonomische Erkenntnisse unabhängig von großen Weltanschauungen? Wie werden ökonomische Erkenntnisse in politische Entscheidungsprozesse integriert, die das Leben in der Gesellschaft prägen?

Diese Unterscheidung zwischen *„Beruf“* und *„Berufung“* griff ich auch in meinem Vortrag am 11. Februar 2014 in Straßburg im Rahmen des Zyklus *„Religion & Wirtschaft: Die Krise aller Glaubenssysteme?“* auf. Sie geht auf meine Lektüre von Max Webers Werk „Die protestantische Ethik und der Geist des Kapitalismus“ zurück.

In der heutigen oder zumindest zeitgenössischen Bedeutung der Begriffe habe ich mir daher erlaubt, aus didaktischen Gründen *„Beruf“* der *„Berufung“* gegenüberzustellen. In diesem Sinne ist die Untersuchung von Konjunkturzyklen für mich zu einer „*Berufung*“ geworden – eine Rückkehr zu meinen ersten akademischen Leidenschaften, nämlich meiner Doktorarbeit Anfang der 1990er Jahre, die sich der historischen und insbesondere kliometrischen Analyse von Bildung und Wirtschaftswachstum und Konjunkturzyklen widmete.

Es gibt natürlich tausend Arten, Geschichte zu lieben; oft ist es einfach das Vergnügen, die Vergangenheit zu verstehen. Wirtschaftswissenschaftlerinnen und -wissenschaftler verlangen jedoch mehr: Sie wollen die Geschichte erklären und daraus Lehren ziehen, die auf die Gegenwart anwendbar sind und sogar eine fast göttliche Kraft besitzen, nämlich die zukünftige Wirtschafts- und Sozialpolitik zu lenken.

Als ich vor fast vierzig Jahren mein Studium der Wirtschaftswissenschaften begann, blühte die Geschichte des ökonomischen Denkens bzw. die Theoriegeschichte, Dogmengeschichte, Nationalökonomie.

Heute ist sie bestenfalls eingeschlafen, schlimmstenfalls dabei, aus dem Wirtschaftsunterricht zu verschwinden. Der Hauptgrund für das Misstrauen gegenüber diesem Fachgebiet liegt sicherlich darin, dass die Disziplin, die aus dem Zusammentreffen von Geschichte, Philosophie und Wirtschaft entstanden ist, heute kaum sichtbar ist und nur wenige Studierende anzieht.

Ich habe stark das Gefühl, dass die Herausforderung der Geschichte des ökonomischen Denkens nun darin besteht, systematischer auf die großen zeitgenössischen Fragen zurückzukommen und dabei zu zeigen, wie der historische Ansatz hilfreich sein kann, um viele der aktuellen Fragestellungen durch Analogien und ohne Fehlschlüsse besser zu beleuchten.

Kurz gesagt, es scheint wichtig zu sein, die Geschichte des ökonomischen Denkens wiederzubeleben, auch um an der Ausarbeitung kollektiver Antworten auf die Herausforderungen des 21. Jahrhunderts mitzuwirken.

Dieses Buch ist ein Plädoyer für diese Prinzipien und ein sehr bescheidener Beitrag zu diesem Prozess. Es bietet einen – zwangsläufig selektiven – Einblick in die Geschichte der Konjunkturzyklen und eine selektive Synthese in deutschsprachiger Darstellung einiger meiner zuvor veröffentlichten Beiträge dar.

Das National Bureau of Economic Research (NBER) hat hier eine Pionierrolle gespielt, indem es durch seinen Business Cycle Dating Committee – bestehend aus acht auf die Analyse von Wirtschaftsschwankungen spezialisierten Ökonominnen und Ökonomen – eine offizielle (monatliche) Chronologie des US-Konjunkturzyklus erstellt hat. Ihre Aufgabe besteht darin, die Wendepunkte in der Wirtschaftstätigkeit zu identifizieren.

Im Oktober 2020 hat die Französische Gesellschaft für Wirtschaftswissenschaften (AFSE) ein eigenes Komitee zur Datierung der Konjunkturzyklen der französischen Wirtschaft eingerichtet. Als ehemaliger Vorsitzender der Gesellschaft und Gründungsmitglied dieses neunköpfigen Komitees habe ich im Jahr 2023 gemeinsam mit meinen Kolleginnen und Kollegen erstmals eine historische Darstellung der Rezessions- und Expansionsphasen der französischen Wirtschaft vorgelegt. Diese Chronologie soll als Referenz für wirtschaftswissenschaftliche Studien und Forschungsarbeiten sowie für Entscheidungsträgerinnen und -träger und die interessierte Öffentlichkeit dienen.

Abschließend gilt mein herzlicher Dank dem Verlag Springer-Gabler für die vertrauensvolle und beständige Begleitung dieses Projekts – und ganz besonders Frau Vera Treitschke, deren Geduld und stille Freundlichkeit diesem Weg zugleich Orientierung und Leichtigkeit verliehen haben.

Sommer 2025 Claude Diebolt

Inhaltsverzeichnis

1 Was sind Wirtschaftszyklen?

Zusammenfassung

Wirtschaftszyklen bezeichnen wiederkehrende, aber nicht regelmäßige Schwankungen der gesamtwirtschaftlichen Aktivität. Ihre klassische Definition stammt von Burns und Mitchell, die Zyklen als Abfolge von Expansion, Rezession, Kontraktion und Erholung verstehen. Historisch wurden Konjunkturschwankungen zunächst als Zufälle betrachtet, ehe Ökonomen wie Sismondi, Marx und später Schumpeter und Keynes sie als systemimmanente Phänomene kapitalistischer Volkswirtschaften deuteten. Im 20. Jahrhundert trugen empirische Arbeiten und theoretische Fortschritte zur differenzierten Analyse bei. Heute vereint die Konjunkturtheorie vielfältige Ansätze, von neoklassisch bis keynesianisch, ergänzt durch verhaltens- und finanzmarktbasierte Perspektiven.

Eine allgemein akzeptierte Definition von Wirtschaftszyklen ist die von Arthur F. Burns und Wesley C. Mitchell in ihrem Buch *Measuring Business Cycles.*

Nach Burns und Mitchell:

> „*Business cycles are a type of fluctuation found in the aggregate economic activity of nations to organize their work mainly in business enterprises: a cycle consists of expansions occurring at about the same time in many economic activities, followed by similarly general recessions, contractions, and revivals which merge into the expansion phase of the next cycle; this sequence of changes is recurrent but not periodic; in duration business cycles vary from more than one year to ten or twelve years; they are not divisible into shorter cycles with amplitudes approximating their own.*"

C. Diebolt, *Konjunkturzyklen*, https://doi.org/10.1007/978-3-658-49906-8_1

(Ein Zyklus besteht aus Expansionen, die zur ungefähr gleichen Zeit in vielen wirtschaftlichen Aktivitäten auftreten, gefolgt von ähnlich allgemeinen Rezessionen, Kontraktionen und Wiederbelebungen, die in die Expansionsphase des nächsten Zyklus übergehen) (Burns & Mitchell, 1946, S. 3).

Die von Burns und Mitchell vorgebrachte Definition von Wirtschaftszyklen betont, dass Zyklen wiederkehrend, aber nicht regelmäßig sind. Für einige impliziert der Begriff Konjunkturzyklen einen bestimmten Rhythmus der wirtschaftlichen Aktivität. Den Zyklus als wiederkehrend zu beschreiben bedeutet, dass er ein sich wiederholendes Muster der Entwicklung besitzt – ein Muster aus Expansion, Rezession, Kontraktion und Erholung, gefolgt von einer erneuten Expansion. Allerdings ist der Zyklus weder in seinen Perioden noch in seiner Amplitude einheitlich. Man kann nicht sagen, dass die Expansionsphase immer X Monate dauert und die Messungen der globalen Aktivität den vorherigen Tiefpunkt um Y Prozent übersteigen. Die Kumulationskräfte weisen von einem Zyklus zum nächsten einen hohen Grad an Gleichförmigkeit auf. Die Auf- und Abschwünge sind selbstverstärkend; sie nähren sich selbst, haben ähnliche Merkmale und weisen in vielen verschiedenen Runden annähernd gleichlaufende Bewegungen auf. Es gibt jedoch keinen Beweis dafür, dass sie sich immer wieder in nahezu identischer Form und Amplitude wiederholen. Die Vollendung eines Zyklus, von einem Tief zu einem Tief oder von einem Hoch zu einem Hoch, kann zwei bis über zehn Jahre dauern, und die Proportionen von Aufwärts- und Abwärtsbewegungen können von leicht bis katastrophal variieren.

In Fortführung dieser Definition befasst sich dieses Buch mit der Entwicklung der Theorie der Wirtschaftszyklen. Natürlich ist es unmöglich, alle Theorien erschöpfend zu behandeln oder alle Personen zu erwähnen, die zur Literatur beigetragen haben. Deshalb werde ich die Entwicklung der Konjunkturtheorie behandeln und mich dabei auf die wichtigsten Ideen konzentrieren.

Die ersten beobachteten Konjunkturschwankungen führten nicht sofort zu einer theoretischen Reflexion. Vielmehr wurden diese Schwankungen zunächst als Unregelmäßigkeiten betrachtet, als Zufälle oder als Resultat außerökonomischer Faktoren. Erst im Laufe des 19. Jahrhunderts begannen Ökonomen, die Zyklen als ein inhärentes Merkmal kapitalistischer Volkswirtschaften zu betrachten.

Ein früher Beitrag stammt von Jean Charles Léonard de Sismondi (1827), der bereits 1819 in seinem Werk *Nouveaux principes d'économie politique* argumentierte, dass Überproduktion zu Krisen führen könne. Seine Gedanken fanden jedoch wenig Anklang bei den Klassikern, die Krisen eher als temporäre Störungen interpretierten.

Karl Marx war der erste, der die Krisenhaftigkeit der kapitalistischen Produktionsweise ins Zentrum seiner Theorie stellte (Marx, 1867, 1885, 1894). Für ihn waren Krisen keine bloßen Zufälle, sondern Ausdruck innerer Widersprüche, insbesondere zwischen den Produktivkräften und den Produktionsverhältnissen. Krisen entstünden regelmäßig aus Überakkumulation und der Unfähigkeit des Marktes, genügend Nachfrage zu generieren, um die produzierte Warenmasse aufzunehmen.

Im 20. Jahrhundert gewann die Analyse der Konjunkturzyklen an Bedeutung. Die Arbeiten von Wesley C. Mitchell (1913) und später Simon Kuznets (1930) legten großen Wert auf die empirische Beobachtung von Zyklen und versuchten, die Periodizität und Struktur wirtschaftlicher Schwankungen zu messen. Besonders Mitchells Definition (oben zitiert) war ein Meilenstein in der standardisierten Konjunkturforschung.

Joseph Schumpeter (1939) schlug eine Einteilung in drei Zyklen vor: den Kitchin-Zyklus (3–5 Jahre), den Juglar-Zyklus (7–11 Jahre) und den Kondratieff-Zyklus (45–60 Jahre). Diese Zyklen überlagern sich, wobei technische Innovationen, Investitionen und Finanzmärkte jeweils als Triebkräfte fungieren. Schumpeter betonte die Rolle des unternehmerischen Innovationsprozesses, der langfristige Wachstumsphasen auslösen könne, aber ebenso Krisen hervorbringe, wenn sich das Innovationspotenzial erschöpft.

Eine radikal andere Interpretation kam von John Maynard Keynes (1936), der in den 1930er-Jahren mit seiner *Allgemeinen Theorie der Beschäftigung, des Zinses und des Geldes* eine neue Perspektive auf wirtschaftliche Instabilität eröffnete. Keynes wies darauf hin, dass die Gesamtnachfrage nicht automatisch für Vollbeschäftigung sorgt und dass der Marktmechanismus keine Garantie für einen automatischen Ausgleich bietet. Daher könne es zu anhaltender Unterauslastung der Produktionskapazitäten kommen, und der Staat müsse durch antizyklische Fiskalpolitik eingreifen, um den Konjunkturverlauf zu stabilisieren.

Die neoklassische Synthese verband keynesianische und klassische Elemente und wurde über Jahrzehnte zur dominierenden Doktrin. Sie nahm an, dass kurzfristige Schwankungen durch Nachfrageschocks verursacht werden, während langfristig das Angebot dominiert. Die Politik sollte entsprechend auf kurze Sicht stabilisieren und langfristig marktkonforme Bedingungen sicherstellen.

In den 1970er-Jahren wurde das keynesianische Paradigma durch die Stagflation (gleichzeitiges Auftreten von Inflation und Arbeitslosigkeit) infrage gestellt. Die neoklassischen Theorien erlebten eine Renaissance, insbesondere durch die Vertreter der neuen klassischen Makroökonomie wie Robert Lucas (1972), die Rational-Expectations-Hypothese und die Selbstheilungskräfte des Marktes betonten. Konjunkturschwankungen seien vor allem das Ergebnis exogener Schocks und nicht systemischer Marktfehler.

In der Folge entwickelten sich auch neukeynesianische Ansätze, die mikroökonomische Grundlagen für Preis- und Lohnstarrheiten legten. Diese erklärten, warum Märkte auch in Gegenwart rationaler Erwartungen nicht immer effizient sind und warum geld- und fiskalpolitische Maßnahmen eine Rolle spielen können.

Heute ist die Konjunkturtheorie ein pluralistisches Feld, das verschiedenste Ansätze umfasst: von realwirtschaftlichen Erklärungen über monetaristische Theorien bis hin zu verhaltensökonomischen Modellen, die psychologische Faktoren in den Vordergrund stellen. Die globale Finanzkrise von 2008 führte zu einer Wiederbelebung keynesianischer Ideen, insbesondere im Hinblick auf die Rolle der öffentlichen Hand in der Krisenbekämpfung.

Die Klassiker 2

Zusammenfassung

Die klassischen Ökonomen betrachteten Wirtschaftskrisen meist als durch äußere Faktoren verursacht und vertrauten auf die Selbstregulierung des Marktes, wie es das Saysche Gesetz nahelegt. Ricardo hielt an dieser Harmonie fest, während Malthus sie mit dem Konzept der effektiven Nachfrage infrage stellte. Marx erkannte erstmals zyklische Muster, verknüpfte sie aber nicht eindeutig mit seiner Krisentheorie. Trotz unterschiedlicher Ansätze betonten alle Denker die Rolle von Ungleichgewichten zwischen Produktion, Konsum und Kapitalbildung. Ihre Überlegungen bilden das Fundament späterer Konjunkturtheorien.

Die klassischen Ökonomen schenkten den Schwankungen der wirtschaftlichen Aktivität wenig Aufmerksamkeit. Einige der frühen klassischen Ökonomen erkannten die Möglichkeit von Überproduktion und Wirtschaftskrisen an, doch in der Regel wurden die Ursachen für diese Schwankungen außerhalb des Wirtschaftssystems verortet.

2.1 Say

Das Theorem, dass eine natürliche Harmonie das Funktionieren des liberalen Wirtschaftssystems kennzeichnet, prägte das Denken der klassischen Ökonomen. Wenn man die Existenz einer natürlichen Harmonie annimmt, kümmert man sich

C. Diebolt, *Konjunkturzyklen*, https://doi.org/10.1007/978-3-658-49906-8_2

kaum darum, eine Erklärung für Knappheit und Wirtschaftskrisen zu entwickeln. Die Existenz einer natürlichen Harmonie in der neuen liberalen Wirtschaftsordnung fand ihren konkreten Ausdruck im Say'schen Gesetz. Nach diesem Gesetz ist eine allgemeine Überproduktion unmöglich.

In seiner Abhandlung über politische Ökonomie stellt Jean-Baptiste Say (1815–1821) Folgendes fest: Jedes Angebot impliziert eine Nachfrage; ein Produkt wird gegen ein Produkt getauscht; jedes auf den Markt gebrachte Produkt schafft seine eigene Nachfrage; jede auf dem Markt ausgeübte Nachfrage schafft ihr eigenes Angebot. Diese Aussagen verdeutlichen die gegenseitige Abhängigkeit einer Wirtschaft, in der der Tausch logischerweise mit der Spezialisierung und der Arbeitsteilung verbunden ist.

Wenn in einer solchen Wirtschaft das Gesamtangebot und die Gesamtnachfrage vollständig voneinander abhängen, dann kann man die Möglichkeit eines allgemeinen Überangebots an Waren verneinen. Aber Say war durchaus bereit anzuerkennen, dass es auf dem Markt für bestimmte Waren zu einem Überangebot kommen kann. Mit anderen Worten: Eine partielle Überproduktion war möglich, wobei ein Produkt über die Nachfrage hinaus produziert wird. Die Produktion dieses Produkts kann aufgrund der Verlagerung der Nachfrage auf andere Produkte Kosten verursachen, die nicht durch den Marktpreis gedeckt werden können. Say schlug vor, dass die Überproduktion eines Produkts lediglich bedeutete, dass andere Produkte nicht in ausreichender Menge produziert wurden, um das neue, höhere Niveau der Nachfrage zu befriedigen.

Der Preismechanismus ist das Mittel, mit dem Ressourcen von der Produktion der Güter, die im Überschuss vorhanden sind, auf die Produktion der Güter, die im Verhältnis zur Nachfrage knapp sind, übertragen werden. Der sinkende Marktpreis infolge der geringeren Nachfrage macht die Produktion dieser Güter weniger rentabel als üblich, während der steigende Marktpreis, der die höhere Nachfrage widerspiegelt, die neu begünstigten Güter rentabler als zuvor macht. Unternehmer erkennen diese veränderten Möglichkeiten schnell, verlagern Ressourcen in profitablere Kanäle und korrigieren so die entstandenen Ungleichgewichte bei den Profitraten. Es versteht sich von selbst, dass in diesen Formulierungen ein sehr hohes Maß an Ressourcenmobilität impliziert ist.

2.2 Ricardo

David Ricardo (1817, 1819, 1821), der einen konsequent deduktiven Ansatz in der Wirtschaftstheorie verfolgte, akzeptierte Says Gesetz über die Märkte. Seine Position war, dass niemand etwas produziert, außer zum Zweck des Konsums, entweder gegenwärtig oder aus einer zukünftigen Produktion. Mit anderen Worten: Menschen verkaufen mit der Absicht, eine andere Ware zu kaufen, um sie gegenwärtig zu konsumieren, oder mit dem Ziel, die zukünftige Produktion durch die Bildung von Kapital zu erleichtern. Wenn sich die individuellen Angebote und Nachfragen im Gleichgewicht befinden, kann es kein Ungleichgewicht im Gesamtangebot und in der Gesamtnachfrage geben. Wie Say betont er, dass der Überschuss einer Ware dazu führt, dass Kapital, Arbeitskräfte und Materialien von dieser Ware abgezogen werden, um Güter zu produzieren, deren Nachfrage gestiegen ist. Die Verhandlung über den Transfer dieser Ressourcen zur Bereitstellung der neuen Ware korrigiert die vorübergehende Dislokation.

In seinen *Principles* hat Ricardo ein Kapitel mit dem Titel „On Sudden Changes in Trade Channels" (Über plötzliche Veränderungen in den Handelskanälen). In diesem Kapitel wird die Möglichkeit von Überproduktion und Krisen anerkannt. Wie lässt sich dies mit der Akzeptanz einer natürlichen Harmonie innerhalb des Wirtschaftssystems vereinbaren, die im Gesetz der Märkte impliziert ist? Die Antwort findet sich in Ricardos Überzeugung, dass eine allgemeine Überproduktion den Einfluss mächtiger exogener Kräfte auf das Wirtschaftssystem widerspiegelt. Da er während der Napoleonischen Kriege lebte, sah er deren Auswirkungen auf die wirtschaftlichen und finanziellen Bedingungen in England. Kriege, Steuern und Modeänderungen konnten die Rentabilität verschiedener Industriezweige drastisch und ziemlich plötzlich verändern und zwangen das Wirtschaftssystem zu einer Anpassungsphase. Wenn das betreffende Land relativ reich ist, über einigermaßen reichliche Kapitalreserven verfügt und eine gewisse Spezialisierung der Arbeitskräfte aufweist, kann die Anpassung an die neuen Umstände schwierig sein.

Die bedeutsame Tatsache ist jedoch, dass Ricardo die Ursachen der Wirtschaftskrise völlig außerhalb der Funktionsweise des Wirtschaftssystems ansiedelte. Dies macht die Existenz einer allgemeinen Überproduktion mit einer inhärenten Harmonie vereinbar.

2.3 Malthus

Thomas Robert Malthus (1820), ein Zeitgenosse Ricardos, führte das Konzept der effektiven Nachfrage ein und stellte das Gesetz der Märkte, wie es von Say formuliert und von Ricardo akzeptiert wurde, infrage. Malthus definiert die effektive Nachfrage als diejenige, die es dem Produzenten ermöglicht, seine Kosten zu decken. Die Kosten umfassen die Zahlungen an die Produktionsfaktoren zuzüglich der geltenden Profitrate. Seiner Meinung nach ist die Grundvoraussetzung für die Stabilisierung der Produktion, dass die Produzenten in der Lage sind, ihre Produktion zu einem Preis zu verkaufen, der die Faktorkosten plus einen Gewinn deckt. Malthus fragte sich, wie dies erreicht werden kann. Er behauptete, dass der Kapitalist der produktiven Arbeit weniger bezahlen wird, als er zu erhalten erwartet, wenn er das Produkt dieser Arbeit verkauft. Das bedeutet, dass die Summe der an die produktive Arbeit gezahlten Löhne geringer ist als der Wert der auf den Markt gebrachten Produkte, und daraus folgt, dass die tatsächliche Nachfrage nach produktiver Arbeit niemals groß genug sein wird, um den Markt für Waren zu einem Preis zu räumen, der dem Kapitalisten eine akzeptable Rendite ermöglicht. Es ist denkbar, dass der Überschuss an Produkten von den Kapitalisten selbst konsumiert werden kann, aber ein solch auffälliger Konsum durch diese Klasse war nach Malthus unwahrscheinlich.

Diese potenzielle Konfliktquelle im Wirtschaftssystem wird durch den Beitrag zur effektiven Nachfrage überwunden, den die unproduktiven Klassen (Landadel, Dienstboten usw.) leisten. Die unproduktiven Konsumenten ermöglichen es dem Kapitalisten, den Profit zu erzielen, ohne den eine Einstellung der Produktion notwendig wäre.

Eine weitere Quelle effektiver Nachfrage außerhalb des Marktes wurde von Malthus ebenfalls hervorgehoben. Es handelt sich dabei um öffentliche Arbeiten, die die Nachfrage nach Gütern verstärken können, wenn die privaten Komponenten der effektiven Nachfrage an Intensität verlieren. Öffentliche Arbeiten erhöhen die Nachfrage nach Gütern, ohne das in der Marktwirtschaft verfügbare Angebot zu erhöhen. Beim Bau öffentlicher Straßen wies Malthus beispielsweise darauf hin, dass die Produzenten ein Einkommen erhielten, ohne die Produkte auf dem Markt zum Verkauf anzubieten.

Ein weiterer Aspekt der ökonomischen Schriften von Malthus ist für die Untersuchung von Wirtschaftszyklen von Bedeutung. Es handelt sich dabei um die Frage der Kapitalbildung. Ricardo zufolge folgt aus der Tatsache, dass eine allgemeine Überproduktion nicht möglich ist, dass auch eine übermäßige Kapitalakkumulation nicht infrage kommt. Mit anderen Worten: Kapital kann, egal wie schnell es akkumuliert wird, immer produktiv eingesetzt werden.

In diesem Punkt äußerte Malthus ernsthafte Zweifel und deutete die Möglichkeit eines Ungleichgewichts zwischen Sparen oder Kapitalbildung auf der einen Seite und dem laufenden Konsum auf der anderen Seite an. Er behauptete, dass Versuche, schnell Kapital zu akkumulieren, eine Verringerung des unproduktiven Konsums beinhalten müssten. Es ist klar, dass der Verbrauch produktiver Arbeit unter diesen Umständen nicht reduziert werden kann. Aber wenn der unproduktive Konsum kontrolliert wird, wird eine der Quellen der effektiven Nachfrage geschwächt und damit auch einer der Produktionsanreize.

Diese Formulierung impliziert die Möglichkeit eines Ungleichgewichts zwischen Sparen und Konsum und die Anfänge der einfachen „unterkonsumtionistischen“ Erklärung der Wirtschaftskrise. So kann die effektive Nachfrage nicht ausreichen, um die größere Menge an Gütern zu absorbieren, die sich aus einer erhöhten Produktionskapazität ergibt.

Malthus hatte Zweifel an der inhärenten Harmonie des Wirtschaftssystems und setzte sich daher mit der Möglichkeit der Instabilität auseinander, indem er mögliche Konfliktbereiche aufzeigte. Dazu gehörten die Beziehung zwischen dem Kapitalisten und der produktiven Arbeit in Bezug auf die Aufteilung der Produkte, die Rolle der unproduktiven Konsumenten und der öffentlichen Arbeiten bei der Aufrechterhaltung der effektiven Nachfrage sowie die Möglichkeit der Entwicklung eines unhaltbaren Verhältnisses zwischen Sparquote und Konsumquote.

2.4 Marx

Im Gegensatz zu seinem ausgefeilten theoretischen Gerüst, das den möglichen Zerfall des kapitalistischen Wirtschaftssystems vorhersagte, hatte Marx keine klar definierte und eindeutig formulierte Erklärung für die Wirtschaftszyklen. Dennoch war er zusammen mit Clément Juglar (1862) einer der ersten, der die Existenz eines rhythmischen Musters in der wirtschaftlichen Aktivität erkannte.

Sein Werk *Das Kapital* (1867, 1885, 1894) ist voll von Beobachtungen über das wiederkehrende Muster der Geschäftsentwicklung. Joseph Schumpeter stellte einige der von Marx gemachten Beobachtungen fest, die von späteren Autoren der Wirtschaftszyklen aufgegriffen und erweitert wurden. Dazu gehören: die Art und Weise, wie die Verwendung von Geld das Funktionieren von Says Marktgesetz beeinträchtigen kann; wie die Verfügbarkeit von Geld zu niedrigen Zinsen unverhältnismäßige Investitionen in Gebrauchsgüterindustrien verursachen kann; die Auswirkungen besonderer Anreize wie die Erschließung neuer Märkte oder das Entstehen neuer sozialer Bedürfnisse auf die Motivation plötzlicher Schübe der Kapitalbildung; sowie die Natur der Expansion und Kontraktion der Produktion.

Viele Forscher haben auf Marx’ Tendenz hingewiesen, eine Verbindung zwischen den von ihm beobachteten, regelmäßig wiederkehrenden zehnjährigen Handelskrisen und der langfristigen Krise herzustellen, die schließlich zum Zusammenbruch des Kapitalismus führen würde. Allerdings ging er nicht näher auf die genaue Beziehung zwischen der zyklischen Krise einerseits und der Krise des Kapitalismus andererseits ein.

Andere Wissenschaftler haben vorgeschlagen, dass Marx – wie Malthus – zu den Theoretikern gezählt werden sollte, die eine „unterkonsumtionistische" Erklärung des Wirtschaftszyklus vertreten. Diese Schlussfolgerung lässt sich aus Teilen von Marx' Schriften und von jenen ziehen, deren Position mit seiner vergleichbar ist, wie z. B. Sismondi und Rodbertus. Ein mögliches zyklisches Element in Marx' Theorie liegt jedoch in seiner Andeutung, wie sich ein Rückgang der durchschnittlichen Profitrate auf das Verhalten der Kapitalisten auswirken würde.

Eine theoretische Erklärung für die Unternehmenskrise lässt sich aus Marx' Einteilung der Industrie in (I) Industrien, die Produktionsgüter (Güter zur Herstellung anderer Güter) herstellen, und (II) Industrien, die gegenwärtig konsumierte Güter produzieren, ableiten.

Diese Einteilung der Industrie findet sich in vielen Theorien zum Konjunkturzyklus wieder. Das Produkt jedes Wirtschaftssegments entspricht dem Wert der eingesetzten Materialien, der Investitionsgüter und der Unternehmensgewinne (Mehrwert). Diese Segmente der Wirtschaft sind zwar begrifflich unterscheidbar, existieren jedoch in der Praxis nicht in völlig isolierter Form. Es ist offensichtlich, dass sie in einer Gesellschaft, die durch Spezialisierung und Arbeitsteilung gekennzeichnet ist, voneinander abhängig sind.

Das Problem besteht darin, ein Gleichgewicht im Austausch zwischen Maschinen und Materialien (produziert von der Produktionsgüterindustrie und nachgefragt von der Konsumgüterindustrie) sowie Konsumgütern (produziert von der Konsumgüterindustrie und nachgefragt von der Produktionsgüterindustrie) herzustellen und aufrechtzuerhalten. In einer stationären Kreislaufwirtschaft, das heißt einer Wirtschaft ohne Wachstum, in der Kapitalbildung lediglich Ersatz darstellt, könnte dieses Gleichgewicht relativ einfach bewahrt werden.

Unter diesen Bedingungen ist die Produktion von Produktionsgütern einfach darauf ausgerichtet, den Kapitalstock in beiden Sektoren zu ersetzen. Wenn jedoch Nettokapitalbildung in beiden Wirtschaftssektoren stattfindet, treten Komplikationen auf. Die Produktionsgüterindustrien müssen sich schneller entwickeln als die Konsumgüterindustrien, damit Kapital akkumuliert werden kann. Die Bedingungen für ein ausgewogenes Wirtschaftswachstum sind jedoch schwer zu erreichen, und verschiedene Faktoren können eine harmonische Entwicklung behindern. So kann es im Produktionsgütersektor zu einer übermäßigen Kapitalakkumulation kommen. Oder die jährliche Wiederbeschaffungsrate kann etwa höher oder niedriger als die Abschreibungsrate sein, was den reibungslosen Ablauf der Wirtschaftstätigkeit stört.

In einer kapitalintensiven, interdependenten Wirtschaft sind Ungleichgewichte zwischen Produktions- und Konsumgüterindustrie wahrscheinlich. Wenn die

Wirtschaft in zwei Sektoren unterteilt ist, ist die einfache Faktoranpassung, die das Saysche Gesetz impliziert, nicht realisierbar.

In Marx' Werk findet sich somit der Keim mehrerer etablierter Theorien der Wirtschaftszyklen. Auch wenn er nie eine formelle Theorie der Wirtschaftskrisen aufgestellt hat, liegt seine wahre Bedeutung in diesem Bereich des Wissens darin, dass er – wie Juglar – zu den ersten gehörte, die die rhythmische Natur der wirtschaftlichen Aktivität erkannten und mit großem Scharfsinn kommentierten.

Die Neoklassiker

3

Zusammenfassung

Neoklassische Ansätze zur Erklärung konjunktureller Schwankungen beruhen auf der Anwendung orthodoxer Wirtschaftsprinzipien. Trotz methodischer Unterschiede stehen monetäre Faktoren, Erwartungen, strukturelle Anpassungen und externe Einflüsse im Mittelpunkt. Hawtrey erklärt Konjunkturen über Zinsänderungen und Kreditzyklen, Hayek betont Überinvestitionen durch verzerrte Preissignale, während Schumpeter Innovationszyklen als Motor des Wandels sieht. Die unterschiedlichen Perspektiven veranschaulichen die Komplexität wirtschaftlicher Dynamiken innerhalb der neoklassischen Tradition.

Die Gruppe der Neoklassiker umfasst eine große Anzahl von Forschern, deren Herangehensweise an konjunkturelle Schwankungen höchst unterschiedlich ist. Gemeinsam ist ihnen die Akzeptanz der Lehrsätze des orthodoxen Wirtschaftsdenkens, die sie auf die Analyse der Konjunkturzyklen anwenden. Aus diesen Grundannahmen haben sie Theorien abgeleitet, die sich in mehrere Hauptkategorien einteilen lassen. Bei der folgenden Darstellung der Grundzüge dieser theoretischen Ansätze wird die historische Chronologie nicht berücksichtigt.

C. Diebolt, *Konjunkturzyklen*, https://doi.org/10.1007/978-3-658-49906-8_3

3.1 Hawtrey

Der bekannteste Verfechter einer rein monetären Erklärung ist der britische Wirtschaftswissenschaftler R. G. Hawtrey (1913). Es ist allgemein bekannt, dass die Geldmenge elastisch ist, in Zeiten expandierender Wirtschaftstätigkeit zunimmt und in Zeiten schrumpfender Wirtschaftstätigkeit abnimmt.

Die rein monetäre Erklärung führt die dem Konjunkturzyklus inhärenten Schwankungen der effektiven Nachfrage auf die Bewegungen der Bankkredite und der verfügbaren Geldmenge zurück.

Hawtreys Analyse bezieht sich hauptsächlich auf einen Teil der Goldstandard-Periode vor 1914. Im Mittelpunkt seiner Erklärung des Wirtschaftszyklus steht der von ihm sogenannte „Händler", d. h. jeder Händler, der Waren verkauft – sei es als Hersteller, Großhändler oder Einzelhändler. Aufgrund der breiten Produktpalette, die sie anbieten, und der großen Anzahl von Akteuren auf beiden Seiten des Marktes, mit denen sie Geschäfte machen, befinden sich Händler in einer Position, die ihnen einen Überblick über die wirtschaftlichen Bedingungen verschafft. Ihre Kosten sind größtenteils die Kosten für die Beschaffung des notwendigen Betriebskapitals für die Warenbestände, die sie vorhalten müssen. Daher reagieren sie als Gruppe außergewöhnlich empfindlich auf Veränderungen des kurzfristigen Zinssatzes. Aufwärts- oder Abwärtsbewegungen ihrer Kreditkosten haben einen erheblichen Einfluss auf ihre operativen Gewinnspannen.

Hawtreys Erklärung für den oberen Wendepunkt des Zyklus lautet wie folgt: Eine Verringerung der Gewinnspanne der Händler führt dazu, dass sie ihre Neubestellungen bei den Herstellern reduzieren. Eine Verringerung der Auftragsrate führt früher oder später zwangsläufig zu einer Verlangsamung der Produktionsrate auf der Fertigungsebene. Wie schnell sich dies bemerkbar machen wird, hängt von dem zuvor bestehenden Niveau an nicht ausgeführten Aufträgen ab. Als Reaktion auf den Auftragsrückgang fahren die Hersteller ihre Betriebe zurück; die Einkommenszahlungen und die Beschäftigung gehen zurück; die Bankkredite schrumpfen; und die Wirtschaftseinheiten tendieren dazu, Bargeld zu halten, anstatt es auszugeben. Eine Verringerung der Ausgaben bedeutet natürlich eine Verringerung der Nachfrage zum bestehenden Preisniveau; und wenn die Einzelhändler glauben, dass diese Verringerung dauerhaft ist, werden auch die Preise sinken. Der schleppende Verkauf von Waren führt zu weiteren Bestellungskürzungen durch die Händler – mit weiteren ungünstigen Auswirkungen auf die Produktion im verarbeitenden Gewerbe, die Beschäftigung und die Einkommenszahlungen. Die Abwärtsspirale der Handelsaktivität setzt sich fort.

Die Faktoren, die Hawtrey hervorhebt, sind der Rückgang der effektiven Nachfrage und die regelmäßige Abschöpfung von Liquidität. Letztere nimmt zwei Formen an: (I) die Rückführung von Liquidität in das Bankensystem durch die Verringerung der ausstehenden Bankkredite und (II) das Halten größerer Salden inaktiver Liquidität durch die Ausgabeneinheiten – etwas, das Keynes' Beschreibung der Zunahme der Liquiditätspräferenz entspricht.

Ob sich diese Kontraktion in eine Depression großen Ausmaßes verwandelt, z. B. wie 1929–1933, hängt von dem ab, was Hawtrey die Entwicklung einer „Kreditklemme" nennt. Dies tritt ein, wenn es keinen Anreiz gibt, die Kreditfazilitäten zu erhöhen, und die Banken, die keinen Absatzmarkt für ihre Mittel in dieser Richtung finden, die Zusammensetzung ihrer Portfolios ändern, indem sie als Käufer von ausstehenden Wertpapieren mit längeren Laufzeiten auf den Markt gehen. Hawtrey legt den Schwerpunkt auf die Verlagerung der Bankkredite von kurzfristigen Unternehmenskrediten (Betriebsmittelkredite an Händler) auf den Investmentmarkt und auf dessen Zurückhaltung, diese Mittel für neue Kapitalinstrumente zu verwenden – aufgrund weniger günstiger Einschätzungen der künftigen Nachfrage. Hawtreys Heilmittel gegen diese Situation ist eine plötzliche Senkung des kurzfristigen Zinssatzes, die ausreicht, um die Händler zu ermutigen, ihre Warenbestellungen zu erhöhen und so eine Belebung der Aktivität auf der Fertigungsebene anzustoßen.

Der Beginn der Ausweitung der Geschäftstätigkeit hängt mit einem niedrigen Zinssatz zusammen, der Transaktionen ermöglicht, die zuvor als unattraktiv galten. Außerdem hat die vorangegangene Kontraktion dazu geführt, dass die Bankreserven wieder aufgefüllt wurden. Dies bereitet den Boden für einen Zyklus der Kreditexpansion. Unter dem Einfluss der niedrigen Zinsen für Betriebskapital, die den Händlern eine günstigere Marge bieten, legen diese den Produzenten ein größeres Volumen an neuen Aufträgen vor.

Im Allgemeinen, so Hawtrey, werden die Produzenten zunächst auf das gestiegene Auftragsvolumen reagieren, woraufhin eine Produktionssteigerung folgt. Die Produzenten wiederum benötigen mehr Kredite, um die Produktionssteigerung zu finanzieren. Die Bereitschaft des Bankensystems, den Kreditnehmern entgegenzukommen, treibt den kumulativen Anstieg voran. In dem Maße, in dem die Expansion fortschreitet, werden die Preiserhöhungen immer weiter verbreitet. Hawtrey betont, dass sich der Stopp der Lagerräumung, die Erhöhung der Produktionsrate und der Preisanstieg während der Expansion überschneiden. So werden beispielsweise schon zu Beginn des Aufschwungs einige Branchen fast mit voller Kapazität arbeiten, und eine höhere Produktionsrate ist nur möglich, wenn die Preise steigen. Höhere Preise fördern eine höhere Produktion, was den

Bedarf an Krediten weiter erhöht. Das Geld zirkuliert schneller, ungenutzte Kassensalden werden genutzt und der Druck, bei den Banken Kredite zu erhalten, steigt.

Für die Banken wird es immer schwieriger, die Kreditvergabe auszuweiten. Sie sind durch die Kreditnachfrage ausgelastet und werden selektiver, indem sie Kreditnehmer aussortieren und höhere Zinssätze erheben. Der Druck auf die Bankreserven wird auch durch die mit dem florierenden Geschäft einhergehende höhere Nachfrage nach Münzen und Devisen erhöht. Unter Goldstandardbedingungen erzwingen die Entnahme von Münzen aus den Reserven des Bankensystems für den internen Umlauf und der allgemeine Rückgang der Bankliquidität eine Umkehr der Kreditpolitik. Insbesondere die hohen Zinssätze beeinträchtigen die Betriebsmargen der Händler und lösen die bereits beschriebene kumulative Kontraktion aus.

Hawtrey erklärte, dass die restriktive Kreditpolitik der Banken – die auf die Notwendigkeit zurückzuführen ist, Reserven und Liquidität zu schützen – der kumulativen Expansion ein Ende setzt. Er sieht keine Hindernisse nicht-monetärer Natur auf dem Weg zu einer unbegrenzten Expansion. Außerdem hängt seiner Meinung nach die Dauer des Zyklus davon ab, wie schnell die Kreditexpansion und -kontraktion ablaufen.

3.2 Hayek

Überinvestitionen sind eine gängige theoretische Erklärung neoklassischer Autoren. Innerhalb dieser Klassifikation gibt es verschiedene Strömungen, von denen einige den Schwerpunkt auf monetäre Faktoren legen, andere auf nicht-monetäre Faktoren, und wieder andere betonen, wie eine Veränderung der Nachfrage in einer Phase des Handelssystems ihre Wirkung verstärkt, wenn sie sich auf andere Teile unserer Wirtschaftsstruktur ausdehnt. Das zentrale Thema, das sich durch diese Gruppe zieht, ist die Überentwicklung von Industrien, die Investitionsgüter herstellen, im Vergleich zu Industrien, die Konsumgüter produzieren. Es ist eine bekannte Tatsache, dass die Investitionsgüter- und Konsumgüterindustrien eine größere zyklische Amplitude aufweisen als die Industrien, die Waren und Dienstleistungen produzieren, die derzeit konsumiert werden. Der Einfachheit halber können wir langlebige Konsumgüter wie Autos und Haushaltsgeräte sowie den Wohnungsbau als Investitionsgüterindustrien klassifizieren.

Der Kern des Überinvestitionsansatzes besteht darin, dass die größere zyklische Anfälligkeit der Investitionsgüterindustrien ein Symptom für eine schwerwiegende Fehlanpassung ist, die sich während einer wirtschaftlichen Expansionsphase entwickelt. Während der Expansionsphase werden die Investitionsgüterindustrien im Vergleich zu den Industrien, die die aktuellen Bedürfnisse der Verbraucher befriedigen, überentwickelt. Die Überentwicklung, die in den späteren Phasen des Wohlstands entsteht, kann nicht dauerhaft aufrechterhalten werden. Das Ergebnis ist eine Fehlanpassung der strukturellen Beziehung zwischen den Investitionsgüterindustrien auf der einen und den Konsumgüterindustrien auf der anderen Seite, was zu einem Höhepunkt und dem Zusammenbruch der Prosperität führt. Diese Erklärung unterscheidet sich deutlich von einem strikt monetären Ansatz, bei dem der Zusammenbruch auf unzureichende Bankreserven zurückgeführt wird.

Viele derjenigen, die die Erklärung der Überinvestitionen favorisieren, haben den Umstand, dass die Produktion in den Investitionsgüterindustrien im Vergleich zum Wachstum in den Konsumsektoren zu weit ausgedehnt ist, als eine Bedingung für ein vertikales Ungleichgewicht oder eine vertikale Fehlanpassung beschrieben. Ihnen zufolge wird kein Störfaktor in die Wirtschaftstätigkeit eingeführt, wenn die Entscheidungen der Bevölkerung über die Verteilung ihres Einkommens auf Ausgaben und Ersparnisse mit der Verteilung der Produktionsfaktoren auf die Konsumgüter- und Investitionsgüterindustrien übereinstimmen. Eine vertikale Fehlanpassung oder ein Störfaktor wird hingegen eingeführt, wenn die Entscheidungen über Ausgaben und Ersparnisse von der Verteilung der wirtschaftlichen Ressourcen zwischen der Investitionsgüter- und der Konsumgüterindustrie abweichen.

Keiner der Zweige zur Erklärung von Überinvestitionen betrachtet den Wirtschaftszyklus als rein monetäres Phänomen, obwohl in jedem von ihnen dem Geldsystem eine Rolle im zyklischen Prozess zugewiesen wird. In dem einen Ansatz spielt es eine entscheidende Rolle bei der Entstehung einer unangepassten Produktionsstruktur, in den anderen wird es zum Mittel, durch das aktivere nichtmonetäre Kräfte wirken.

Friedrich von Hayek (1928a, b, 1931, 1974, 1978a, b, 1984) ist einer der Hauptverfechter der Theorie der monetären Überinvestitionen. Seine theoretische Erklärung und der von ihm verwendete Ansatz stehen in der neoklassischen Tradition. Das störende Element im Zyklus ist seiner Ansicht nach die willkürliche Veränderung des Preissystems, die den natürlichen Fluss der wirtschaftlichen Aktivität behindert. Die besondere Schwierigkeit konzentriert sich auf den Kreditmechanismus. Hayeks Erklärung der Höchstphase ist ausführlicher als seine Analyse des gesamten Zyklus.

Die Produktion wird in Produktionsgüter (alle Güter, die direkt oder indirekt bei der Herstellung von Konsumgütern verwendet werden) und Verbrauchsgüter unterteilt. Die Geschäftsleute insgesamt müssen ständig entscheiden, wie sie ihre Ressourcen zwischen der Produktion für den laufenden Verbrauch und der Produktion für den zukünftigen Verbrauch aufteilen, während die Verbraucher vor dem Problem stehen, ihr laufendes Geldeinkommen zwischen Konsum und Sparen aufzuteilen. Solange diese Entscheidungen übereinstimmen, d. h. wenn die Verbraucher ihre Geldnachfrage im gleichen Verhältnis aufteilen wie die Geschäftsleute ihre produktiven Ressourcen zwischen der Produktion von Konsumgütern und Produktionsgütern, sind die Absichten der beiden Gruppen kompatibel. Wenn die Absichten kompatibel sind, werden die monetären Ersparnisse in Investitionsgüter gelenkt, und der geltende Zinssatz sorgt für ein Gleichgewicht zwischen den Sparplänen der Verbraucher und dem Bedarf der Unternehmer an Investitionsmitteln.

Aber die Existenz von zwei Sätzen von Absichten in zwei sehr unterschiedlichen Gruppen ist eine potenzielle Störungsquelle in einem dynamischen Wirtschaftssystem. Ein weiterer Störfaktor, der für Hayeks Erklärung äußerst wichtig ist, ist das Bankensystem. Nehmen wir zum Beispiel an, dass das Angebot an verfügbarem Geld steigt. Dies hat zur Folge, dass der Zinssatz unter sein Gleichgewichtsniveau sinkt, da der Bankkredit die verfügbaren Kreditmittel durch die freiwilligen Ersparnisse der Verbraucher ergänzt. Die Geschäftsleute reagieren auf die Senkung des Zinssatzes, die sie offenbar als dauerhaft betrachten, indem sie mehr Ressourcen für die Produktion von Investitionsgütern bereitstellen. Die höheren Investitionsausgaben der Geschäftsleute, die durch Bankkredite finanziert werden, erhöhen das monetäre Gesamteinkommen, entweder weil die Löhne erhöht werden, um Arbeitskräfte in die Produktionsgüterindustrien zu locken, oder weil die Hinzunahme von zuvor arbeitslosen Arbeitskräften die Löhne aufbläht. Das Einkommen der Verbraucher steigt und erzeugt eine höhere Nachfrage der Verbraucher. Dies führt zu einem Anstieg des Verbraucherpreisniveaus.

Die intensivere Nachfrage nach Konsumgütern hat keine Auswirkungen auf die Investitionstätigkeit, solange genügend Bankkredite zur Verfügung stehen, um den Konsumgüterindustrien die notwendigen Ressourcen für die Durchführung von Investitionsprojekten zu verschaffen. Die Annahme hier ist, dass die Verbraucher nicht freiwillig den Anteil ihres Einkommens in Form von gespartem Geld erhöht haben. Dieses Überangebot an Ressourcen von einer Produktionsart zur anderen ist ein Teufelskreis. Bankkredite, die zur Finanzierung neuer Investitionsprojekte gewährt werden, führen zu Einkommenszahlungen, die den Strom der Verbrauchernachfrage weiter aufblähen. Hayek zufolge steigt die Verbrauchernachfrage schließlich im Verhältnis zur Zunahme der für Investitionen zur

Verfügung stehenden Mittel. Die Verbraucher gewinnen die Oberhand, da die Banken ihre Rückversicherungsgrenzen erreicht sehen oder sich schlicht weigern, weitere Kredite zu vergeben, aus Angst, dass eine inflationäre Preisspirale das Geldsystem zerstören könnte.

Der Rückzug der Banken aus dem Kreditmarkt führt zu steigenden Zinssätzen, was die Erwartungen von Geschäftsleuten durchkreuzt, die in der Annahme einer verfügbaren Geldquelle und anhaltend günstiger Zinssätze Investitionen getätigt haben; nun stellen sie fest, dass all ihre Kosten gestiegen sind. Sie werden durch die steigenden Zinssätze und die unzureichenden Mittel, die ihnen für die Umsetzung ihrer Pläne zur Verfügung stehen, entmutigt. Neu geschaffene Investitionsgüter bleiben ungenutzt und die damit verbundenen Investitionsprojekte müssen aufgegeben werden. Da die Banken keine Kredite vergeben können und die Verbraucher nicht sparen, verfügen die Geschäftsleute nicht mehr über die nötigen Mittel, um die Nachfrage nach Investitionsgütern aufrechtzuerhalten. Grundsätzlich wird der Höhepunkt nicht aufgrund von Überinvestitionen erreicht, sondern aufgrund von Überkonsum: Die Abzweigung von Ressourcen von den Gütern der Produzenten, wodurch neu eingeleitete Produktionsprozesse unvollendet bleiben. Nur wenn die Verbraucher bereit sind, weniger auszugeben und mehr zu sparen, können die Absichten von Verbrauchern und Unternehmern in Einklang gebracht und der Zusammenbruch verhindert werden. In den letzten Phasen des Wohlstands kann es aufgrund von Geldmangel zu einem Mangel an bestimmten Investitionsgütern kommen. Fehlen diese speziellen Investitionsgüter und die Mittel, um ihre Fertigstellung zu finanzieren, ist eine Schrumpfung unvermeidlich.

Die notwendige Folge dieser Fehlanpassungen sind Deflation und Depression. Die Banken kontrahieren Kredite, die Unternehmen lösen ihre Lagerbestände auf und stocken ihre Liquidität auf, das Preisniveau sinkt, die Profitrate fällt unter die Geldmarktzinsen und Ressourcen werden schneller aus den Produktionsgüterindustrien freigesetzt, als sie in die Konsumgüterproduktion aufgenommen werden können. Die Folge ist Arbeitslosigkeit im großen Stil. Erst wenn die Deflationsspirale ihren Lauf genommen hat und der Pessimismus einem verhaltenen Optimismus gewichen ist, wird ein neuer Aufschwung einsetzen.

3.3 Spiethoff

Arthur Spiethoff (1902, 1955) hat eine weithin bekannte und akzeptierte Theorie der Überinvestitionen in Konjunkturzyklen entwickelt. Er stützte sich stark auf den statistisch-historischen Ansatz, der mit der Deutschen Historischen

Schule verbunden ist, und orientierte sich an der Zyklusanalyse von Juglar, dem ersten Akademiker, der die Existenz eines zyklischen Rhythmus in der Wirtschaftstätigkeit erkannte.

Spiethoff identifizierte zunächst vier Kategorien von Waren:

1. Güter des täglichen Bedarfs (Nahrung, Wohnung und andere);
2. Dauerhafte und halbdauerhafte Konsumgüter (Wohnraum, Versorgungseinrichtungen usw.);
3. Anlagekapital (Bergwerke, Eisenbahnen, Kraftwerke, Maschinen, Fabriken, Ziegeleien und Zementfabriken usw.);
4. Rohstoffe, die für den Bau von langlebigen Gütern benötigt werden (Holz, Zement, Ziegel, Eisen, Stahl usw.).

Spiethoff stellte sich einen Aufschwung so vor, dass er seinen Ursprung in einem Zweig der Investitionsgüterindustrie hat, vielleicht durch einen technologischen Wandel, wie z. B. ein neues Verfahren zur Kostensenkung, oder durch Entwicklungsmöglichkeiten in einem unterentwickelten Land. Unabhängig von der Ursache löst die Expansion in ausgewählten Sektoren eine Phase allgemeiner wirtschaftlicher Belebung aus.

Der Aufschwung geht mit einer starken Nachfrage nach Rohstoffen einher, die für den Bau langlebiger Güter benötigt werden, wie Eisen und Stahl, Holz, Zement, Glas, Ziegel und andere Baumaterialien. Daher sind Investitionen zur Steigerung der Kapazität dieser Industrien von entscheidender Bedeutung. Bestehende Fabriken werden ausgebaut, und neue ergänzen die Fabriken für langlebige Konsumgüter und Investitionsgüter. Spiethoff betont, dass während des größten Teils des Aufschwungs, wenn neue Investitionen getätigt werden, das Angebot an Fertigprodukten auf die Menge beschränkt ist, die von den bestehenden Anlagen produziert wird. Wenn jedoch neue Fabriken in Produktion gehen, wird das Angebot größer, insbesondere bei den Rohstoffen, die für die Kapazitätserweiterung der Gebrauchsgüterindustrie benötigt werden.

Die Sättigung des Investitionsgütermarktes zeigt sich auf verschiedene Weise. Es gibt eine Grenze für die Nachfrage nach Investitionsgütern; der Investitionsbedarf wird allmählich befriedigt, und die Möglichkeiten für eine zukünftige Expansion sinken. Noch größer ist der Effekt, wenn die Produktionsmittel erhöht werden. Beispielsweise wird ein Großteil der während des Booms neu gebauten Investitionsgüter für Rohstoffe verwendet, und die Nachfrage wird aus der fortlaufenden Produktion dieser Investitionsgüter abgeleitet. Der Wettbewerb wird schärfer, und die Möglichkeit, die Preise zu erhöhen, verschwindet unter der Flut von Waren, die von den neuen Anlagen produziert werden.

Spiethoff erkennt auch den Einfluss der finanziellen Umstände bei der Entstehung der oberen Wendepunktphase. In den ersten Phasen des Aufschwungs wurden brachliegende Gelder zur Finanzierung von Investitionsgütern verwendet, und mit fortschreitendem Aufschwung wurden auch Bankkredite zu diesem Zweck eingesetzt. In den letzten Phasen des Aufschwungs jedoch stammen die Investitionsmittel fast ausschließlich aus Ersparnissen aus laufendem Einkommen. Die brachliegenden Gelder wurden absorbiert, und das Reservepolster für die Kreditvergabe der Banken ist nicht mehr vorhanden. Unternehmensgewinne sind eine wichtige Quelle für Ersparnisse, und zur oberen Wende hin werden sie durch steigende Löhne und andere Kosten komprimiert. Somit reicht das Angebot an Ersparnissen nicht mehr aus, um das Investitionsniveau zu finanzieren, das erforderlich ist, um die Produktion der Investitionsgüterindustrien zu absorbieren.

Das grundlegende Problem besteht darin, dass es nicht möglich ist, das gesamte Angebot an Rohstoffen und Ausrüstungen zu nutzen, um mehr Investitionsgüter und langlebige Konsumgüter zu bauen. Diese Bereiche der Wirtschaftstätigkeit wurden überentwickelt. Die unvermeidliche Verringerung der Produktion in der Investitionsgüterindustrie wirkt sich auf den Konsumgütersektor aus und löst einen kumulativen Rückgang von Einkommen und Beschäftigung aus. Der Aufschwung muss auf neue Investitionsmöglichkeiten warten.

3.4 Schumpeter

Eine Erklärung, die die Rolle von Innovationen bei der Auslösung von Investitionen favorisiert, ist eng mit dem Ansatz nichtmonetärer Investitionen verbunden, wenn auch mit einem ganz anderen Schwerpunkt. Innovationen umfassen Veränderungen in den Produktionstechniken, die Erschließung neuer Märkte oder Gebiete und die Entwicklung neuer Waren – im Wesentlichen Veränderungen in der Art und Weise, wie etwas getan wird, die zu Gewinnen führen. Mehrere Autoren haben darauf hingewiesen, dass Wirtschaftszyklen Begleiterscheinungen industrieller Veränderungen sind und das Mittel darstellen, durch das neue Produkte und Techniken in die Wirtschaftsprozesse einfließen und von ihnen absorbiert werden. Der Wirtschaftszyklus ist hier allgemein das Mittel, durch das sich wirtschaftlicher Fortschritt in einer Steigerung der Pro-Kopf-Produktion und des Lebensstandards niederschlägt. J. A. Schumpeter und D. H. Robertson vertraten diese Position.

Schumpeter steht in der neoklassischen Tradition, da er die Instrumente der neoklassischen Wirtschaftstheorie verwendete und eine theoretische Analyse des

Wirtschaftszyklus in die allgemeine Struktur des wirtschaftlichen Denkens einbaute (1912, 1939, 1954). Er betrachtet den Zyklus als unverzichtbares Element des kapitalistischen Systems und als unvermeidlichen Partner des Wirtschaftswachstums und -wandels. In seiner Formulierung ist der Wirtschaftszyklus das Mittel, mit dem die Wirtschaft von einer Position des statischen Gleichgewichts in eine neue übergeht, in der die Pro-Kopf-Produktion und der Lebensstandard höher sind.

Schumpeter war einer der wenigen Zyklusforscher, die versuchten, einen deduktiven Ansatz mit einer statistischen und historischen Analyse zu kombinieren. Für ihn bedeutete das Verständnis des Wirtschaftszyklus ein Untersuchungsfeld, das die Entwicklung des kapitalistischen Prozesses selbst umfasste.

Schumpeter analysiert zunächst die zyklischen Entwicklungen in einem Zwei-Phasen-Zyklus. Er beginnt seine Darstellung in der sogenannten Nähe des Gleichgewichts – einer Situation, in der die Ressourcen voll genutzt werden und es keine Anreize gibt, die Produktionsmethoden oder Konsumgewohnheiten zu ändern. Die Unternehmen wissen, welche Verkäufe sie zu erwarten haben, und haben die effizienteste Kombination produktiver Ressourcen angenommen. Die Gesellschaft befindet sich im stationären Zustand. Wenn man die Analyse des Wandels an diesem Punkt beginnt, kann man nach Ansicht des Autors die volle Wirkung von Innovationen erkennen.

Eine Reihe von Veränderungen, etwa durch neue Herstellungsverfahren und neue Produkte, kann je nach Größe und Umfang Jahre dauern, bis sie ihre volle Wirkung entfalten. So dauerte es beispielsweise ein halbes Jahrhundert, bis die Auswirkungen der Entwicklung des Eisenbahnwesens voll zum Tragen kamen. In einer statischen Gesellschaft werden Innovationen durch die Schaffung von Krediten finanziert. Der Bankkredit gibt dem Innovator die Mittel, mit denen er produktive Ressourcen außerhalb ihrer bestehenden Beschäftigung anbieten kann. Die neue Nachfrage erhöht die Preise und Kosten. Die Verkaufserlöse steigen, und der Wohlstand breitet sich in der gesamten Wirtschaft aus. Diese Wohlstandsperiode kann sich in einem geringen oder gar keinem Anstieg des Waren- und Dienstleistungsflusses äußern. Es gibt eine „Schwangerschaftsperiode", in der neue Anlagen und Geräte gebaut werden. Erst wenn diese neuen Anlagen in Betrieb genommen werden und ihre Produkte auf den Markt kommen, entfalten die Innovationen ihre volle Wirkung. Anschließend findet in wettbewerbsintensiven Branchen, in denen Verfahren und Produkte möglicherweise veraltet sind, ein Anpassungsprozess an die neue Situation statt. Was die Bankkredite betrifft, so verwenden die Innovatoren die Erlöse aus ihren Verkäufen zur Rückzahlung der Bankkredite, wodurch sich die Geldmenge verringert und eine allmähliche Rückkehr zu einer neuen Gleichgewichtsposition erfolgt.

In diesem einfachen Modell des Zwei-Phasen-Wirtschaftszyklus besteht die Prosperität aus einer Schwangerschaftsperiode, in der die Veränderungen greifbare Formen annehmen; die Depression steht für die unvermeidlichen Anpassungen, die in konkurrierenden Industrien und Sektoren stattfinden müssen, wenn die Auswirkungen der Innovationen voll zum Tragen kommen. Die Gesamt- und Pro-Kopf-Produktion steigt. Der Übergang von einer Gleichgewichtsposition zur nächsten bedeutet also eine Veränderung in der Art und Weise, wie die Dinge getan werden, und wirtschaftlichen Fortschritt. Dies ist die erste Annäherung an Schumpeter – der Zwei-Phasen-Zyklus.

Schumpeter erkannte jedoch, dass wir in Wirklichkeit einen Zyklus mit vier Phasen und nicht mit zwei Phasen haben. Der Zyklus weist aufgrund von Sekundärphänomenen vier Phasen auf: Geschäftsleute reagieren auf die von ihnen beobachteten Veränderungsraten. In einer Phase des Wohlstands, wenn Innovationen im Entstehen begriffen sind, treten spekulative Tendenzen in den Vordergrund. Unternehmen interpretieren steigende Preise und ein höheres Arbeitstempo fälschlicherweise als Zeichen für eine allgemeine Kapitalausweitung. Der Optimismus ist ansteckend und erfasst sowohl Geschäftsleute als auch Verbraucher. Beide suchen nach zusätzlichen Krediten – die Unternehmen, um neue Anlagen zu finanzieren, die Verbraucher, um ihren Konsum in Erwartung eines dauerhaft höheren Einkommens zu steigern.

Zwei Faktoren setzen diesem Boom jedoch ein Ende: Erstens zahlen die Innovatoren nach dem Markteintritt ihrer neuen Verfahren oder Produkte ihre Bankkredite zurück, was zu einer Kreditdeflation führt. Dies wirkt sich dämpfend auf das Preisniveau aus. Zweitens üben die neuen Verfahren oder Produkte zusätzlichen Wettbewerbsdruck auf nicht innovative Konkurrenten aus, die in eine Kosten- und Preisklemme geraten. Sie drosseln ihre Produktion, und die schwächeren Wettbewerber werden liquidiert.

Aufgrund der spekulativen Exzesse der Expansion wird die Wirtschaft in eine Periode der Neuanpassung gedrängt, in der sie unter das Gleichgewichtsniveau fällt. Nachdem der Rückgang eine Zeit lang angehalten hat, setzen natürliche Kräfte neue Impulse, und die Wirtschaft bewegt sich auf eine neue Gleichgewichtsposition zu. Schumpeter betont, dass die Analyse des Wirtschaftszyklus zwischen zwei Gleichgewichtszuständen angesiedelt sein muss. Die Untersuchung des Zyklus an einem anderen Punkt zu beginnen – etwa mit einem Hochpunkt und dem Verlauf bis zum nächsten Gipfel – bedeutet, die Aufmerksamkeit von der Rolle der innovativen Kräfte abzulenken.

Schumpeter schlug vor, dass es gleichzeitig mehrere Wirtschaftszyklen unterschiedlicher Länge gibt. Er hielt es für plausibel, dass wirtschaftliche Aktivität nicht nur aus einer einzigen Wellenbewegung besteht. Jede dieser Wellen könnte mit Innovationen unterschiedlicher Bedeutung verbunden sein, von denen einige länger brauchen würden, um ihre volle Wirkung zu entfalten, als andere. Dies ist Schumpeters dritte Annäherung an den Konjunkturzyklus: das Nebeneinander einer langen Welle von etwa sechzig Jahren (Zyklen vom Kondratjew-Typ), einer mittleren Welle von etwa zehn Jahren (Zyklen vom Juglar-Typ) und einer kürzeren Schwankung von rund vierzig Monaten (Zyklen vom Kitchin-Typ).

3.5 Robertson

D. H. Robertson bewegt sich zwischen der neoklassischen Tradition sowie den Arbeiten von John Maynard Keynes und den Postkeynesianern.

Robertson (1948) betont das ungleiche Tempo, in dem der wirtschaftliche Fortschritt stattfindet. Veränderungen bei den tatsächlichen Betriebskosten einer bestimmten Industrie sowie bei der relativen Nachfrageintensität nach ihren Produkten erfordern strukturelle Anpassungen.

Eine zentrale Frage für Robertson ist, welche Produktionsschwankungen es wert sind, durch staatliche Politik gefördert zu werden. Er unterscheidet zwischen angemessenen und unangemessenen Bewegungen in der Produktion. Angemessene Veränderungen sind anfängliche Bewegungen in bestimmten Wirtschaftssektoren – etwa infolge technologischer Neuerungen – sowie die begleitenden Anpassungen in anderen Sektoren, die keine übermäßige Reaktion darstellen und nicht rückgängig gemacht werden sollten. Unangemessene Bewegungen hingegen gehen zu weit und müssen korrigiert werden. In der Realität überlagern sich beide Arten von Bewegungen, sodass unangemessene Produktionsentwicklungen schwer von jenen zu unterscheiden sind, die langfristige und strukturelle Veränderungen widerspiegeln.

Sollte die Gesellschaft versuchen, alle unangemessenen Bewegungen zu beseitigen? Um diese Frage zu beantworten, weist Robertson darauf hin, dass unangemessene Bewegungen größtenteils aus Unzulänglichkeiten der Marktwirtschaft resultieren, darunter:

1. Ein großer Teil des Realkapitals ist in endliche und unteilbare Einheiten gebunden. Ein extremes Beispiel: Wenn ein Stromversorgungsunternehmen zusätzliche Wasserkraftkapazität benötigt, kann es nicht einfach einen Teil des Flusses aufstauen, um den aktuellen Bedarf zu decken – es muss die gesamte Anlage errichten. Die Produktionskapazität kann also nicht exakt dem aktuellen Marktbedarf angepasst werden.

2. Anlagen und Ausrüstungen sind langlebig und müssen nicht regelmäßig ersetzt werden.
3. Fehlkalkulationen entstehen leicht, da Geschäftsleute nur unvollständig über die Pläne ihrer Konkurrenten informiert sind und die Auswirkungen gleichzeitig unternommener Maßnahmen schwer abschätzen können.
4. Lange Schwangerschaftszeiten verstärken die Probleme der drei vorhergehenden Punkte. Je länger der Aufbau neuer Kapitalgüter dauert, desto größer ist die Wahrscheinlichkeit von Fehlkalkulationen.

Robertson hebt hervor, dass in der realen Welt anfängliche Veränderungen eine Kette von Reaktionen auslösen – manche angemessen, andere unangemessen – und diese sind schwer voneinander zu trennen. Unsere politischen Maßnahmen können sich daher nicht ausschließlich auf die Förderung angemessener Bewegungen konzentrieren, da die vollständige Beseitigung unangemessener Entwicklungen einen tiefgreifenden Wandel unserer wirtschaftlichen, sozialen und politischen Werte mit sich bringen würde. Zudem könnte das Tempo angemessener Veränderungen durch solche Eingriffe verlangsamt werden.

Für Robertson besteht die Herausforderung darin, die Politik so zu gestalten, dass ein optimales Verhältnis entsteht – zwischen der Anpassung angemessener Veränderungen an technologische Fortschritte, veränderte tatsächliche Kosten und Konsumentenpräferenzen einerseits und der Eindämmung unangemessener Schwankungen andererseits. Dieses Verhältnis kann jedoch nicht mathematisch exakt formuliert werden, da es auf sozialen, politischen, menschlichen und wirtschaftlichen Werten beruht.

Bezüglich des eigentlichen konjunkturellen Aufschwungs stellt Robertson fest, dass in Phasen wachsender Kapitalbildung Preise und Profite in dem Maße steigen, wie Ressourcen in den Bau von Anlagen umgeleitet werden, die zunächst keine laufenden Erträge liefern. Die freiwilligen Ersparnisse reichen meist nicht aus, um diese Investitionen zu finanzieren. Eine Ausweitung der Geldmenge wird notwendig, um Ressourcen in Richtung von Investitionsausgaben zu lenken und um die gesteigerte Nachfrage der Wirtschaftssubjekte nach Zahlungsmitteln zu decken – zur Unterstützung des erhöhten Transaktionsvolumens.

Die damit einhergehenden Preis- und Gewinnsteigerungen geben den Unternehmen Investitionsanreize, die sich später als illusionär erweisen und zu neuen Investitionszyklen führen. Nach und nach bringen die neu errichteten Produktionsmittel zusätzliche Mengen an Gütern und Dienstleistungen hervor. Der Wettbewerb verschärft sich, Preise und Profite sinken. Es kommt zu einem Überangebot an Investitionsgütern, und das Wirtschaftssystem gerät in eine Phase der Verdauung und Anpassung, die es nicht aus eigener Kraft bewältigen kann.

Robertson schlägt vor, bei der Analyse der konjunkturellen Hochphasen zu untersuchen, ob sich Ersparnisse und Investitionen in einem Tempo entwickelt haben, das angesichts moderner industrieller Technik und der menschlichen Bedürfnisse nicht dauerhaft aufrechterhalten werden kann – ohne dass es zu Ungleichgewichten und Störungen kommt.

3.6 Pigou

Die Rolle der Erwartungen spielt eine zentrale Rolle in dem, was man als psychologische Erklärungen des Konjunkturzyklus bezeichnen kann. Dabei interessiert man sich insbesondere dafür, wie Unternehmen und andere wirtschaftliche Akteure auf ökonomische und nicht-ökonomische Reize reagieren. Zweifellos erkennen die meisten Theorien zu konjunkturellen Schwankungen die Bedeutung menschlicher Reaktionen für den Verlauf wirtschaftlicher Entwicklungen an. John Maynard Keynes etwa maß – anders als viele seiner keynesianischen Nachfolger – den Erwartungen eine entscheidende Bedeutung bei der Gestaltung unternehmerischer Entscheidungen bei.

Einer der wichtigsten Vertreter dieses Denkansatzes ist der englische neoklassische Ökonom A. C. Pigou (1924). Zwar betonte Pigou, dass die Fehleinschätzungen von Unternehmern hinsichtlich künftiger Marktbedingungen besonders in zyklischen Mustern stark ausgeprägt sind, er wies jedoch auch darauf hin, dass es keinen Grund gebe, die Ursachen solcher zyklischen Unternehmensreaktionen nicht als pluralistisch zu verstehen.

Für Pigou entstehen Veränderungen im Niveau der wirtschaftlichen Aktivität vor allem als Reaktion auf veränderte Erwartungen. Diese Erwartungsveränderungen wiederum können sowohl monetäre als auch reale Ursachen haben. Monetäre Ursachen sind etwa autonome geldpolitische Faktoren – wie die großen Goldfunde unter dem Goldstandard vor 1914, die direkt zu einer Ausweitung der Geldmenge führten – oder die fiskalische Disziplinlosigkeit einer Regierung, die dauerhaft ein Haushaltsdefizit toleriert. Im Allgemeinen jedoch betrachtete Pigou Währungs- und Kreditarrangements als Bedingungen, auf die psychologische und reale Faktoren reagieren, nicht als primäre Ursachen.

Vier reale Faktoren identifiziert Pigou als Hauptauslöser für Schwankungen in den Gewinnerwartungen von Unternehmen:

1. Ernteschwankungen;
2. Erfindungen;
3. Veränderungen in Konsumgewohnheiten und –präferenzen;

4. Veränderungen in der ausländischen Nachfrage.

Von diesen Faktoren betrachtet Pigou insbesondere die ersten beiden als die entscheidenden. Sie stehen für Veränderungen in den realen industriellen Rahmenbedingungen und begründen somit legitime, begründete Erwartungen. So kann etwa eine technologische Verbesserung – wie die Automatisierung in der Industrie – die erwarteten Renditen beeinflussen und damit die Richtung und Intensität der wirtschaftlichen Aktivitäten verändern. Reale Veränderungen wie technischer Fortschritt können also psychologische Reaktionen auslösen: Der damit verbundene reale Wohlstand kann Individuen zu einem übermäßig optimistischen Ausblick verleiten.

An diesem Punkt unterscheidet sich der psychologische Ansatz von anderen theoretischen Schulen. Unternehmer müssen ständig Entscheidungen über die Zukunft treffen – etwa, um den Umfang ihres kurzfristigen Geschäfts zu planen oder langfristige Verpflichtungen einzugehen. Da sich die industriellen Rahmenbedingungen jedoch sprunghaft und ungleichmäßig verändern, kommt es leicht zu Prognosefehlern – nicht zuletzt durch unvollständige Informationen. Pigou betont, dass solche Fehler in der modernen Gesellschaft tendenziell verallgemeinert werden: Die optimistischen Fehleinschätzungen der einen kompensieren nicht die pessimistischen der anderen. Vielmehr verbreiten sich Erwartungen durch ihre „ansteckende" Natur sowie durch die ökonomische und finanzielle Vernetzung der Unternehmen.

Ein Beispiel: Wenn Unternehmen A auf Basis seiner Markteinschätzung bei Unternehmen B bestellt – diese Einschätzung sich aber als übertrieben optimistisch herausstellt – wird der Fehler an B weitergegeben, womöglich in verstärkter Form. Das kann dazu führen, dass auch B zu hohe Bestellungen bei seinen eigenen Zulieferern tätigt. Auf diese Weise entstehen durch die enge Verflechtung von Unternehmen kumulierte Prognosefehler – sowohl in optimistischer als auch in pessimistischer Richtung. Die Folge sind erhebliche Schwankungen der gesamtwirtschaftlichen Aktivität.

Verallgemeinerte Fehler in die eine Richtung führen zwangsläufig zu Fehlern der entgegengesetzten Art. Die Erklärung für den oberen Wendepunkt liegt darin, dass ein durch übermäßigen Optimismus erzeugtes hohes Aktivitätsniveau – nach einer gewissen „Tragezeit" – zu einem erhöhten Angebot an Gütern auf dem Markt führt. Diese Tragezeit variiert je nach Art der Investition – so haben Kleidungsproduktion und Wasserkraftwerke sehr unterschiedliche Realisierungszeiträume.

Die Fehler des übertriebenen Optimismus werden sichtbar, wenn sich der Wettbewerb verschärft und die Gewinnmargen schrumpfen. In dieser Phase enden die optimistischen Erwartungen, neue Aufträge bleiben aus, laufende Projekte werden überdacht, und das Aktivitätsniveau sinkt. Wenn viele Unternehmen feststellen, dass ihre tatsächlichen Ergebnisse den Erwartungen nicht entsprechen oder gar Verluste auftreten, gibt es keinen Spielraum mehr für neuen Optimismus. Stattdessen tritt übertriebener Pessimismus an seine Stelle.

Dieser übermäßige Pessimismus ist das Spiegelbild des vorangegangenen Optimismus. Der untere Wendepunkt wird erst erreicht, wenn auch der pessimistische Fehler erkannt wird – also wenn deutlich wird, dass die negative Einschätzung der wirtschaftlichen Aussichten übertrieben war.

Der Abschwung ist dann eine direkte Folge der Sättigung in spezifischen Investitionsbereichen, in denen es zu einer übermäßigen Expansion kam – das heißt, zu Anpassungen, die über das Ziel hinausschossen. Manchmal ist der Abschwung auch eine Folge der Einschränkung kreditfähiger Mittel, die die Zentralbank bereit ist bereitzustellen, etwa durch eine restriktive Haltung bei der Ausweitung der Geldbasis für Geschäftsbanken. Eine zu großzügige Zentralbankpolitik würde hingegen zu einem übermäßigen Anstieg des Preisniveaus führen.

Das geldpolitische Argument kommt in Robertsons Schrift *Banking Policy and the Price Level* besonders stark zum Tragen. Das Problem liegt für ihn darin, unangemessene Schwankungen innerhalb moderater Grenzen zu halten – und dabei kann die Geldpolitik eine wichtige Rolle spielen, indem sie die Geldmenge konsequent kontrolliert.

3.7 Jevons und Moore

Einige frühe Vertreter der neoklassischen Schule gingen davon aus, dass zyklische Schwankungen der Wirtschaft das Ergebnis natürlicher Phänomene seien. Das zentrale Störelement des Zyklus liegt demnach nicht in der Wirtschaft selbst, sondern in der Anpassung der Wirtschaftsprozesse an äußere Störungen, insbesondere durch klimatische Veränderungen. Grundlegend wird die Periodizität wirtschaftlicher Aktivitäten durch Veränderungen in der landwirtschaftlichen Produktion erklärt, die mit Wetterzyklen einhergehen. Diese wiederum werden durch Sonnenaktivität beeinflusst, was sich auf das Klima auswirkt – das Klima auf die landwirtschaftliche Produktion – und diese schließlich auf die allgemeinen Geschäftsbedingungen.

Die Namen, die mit dieser Theorie der natürlichen Zyklen am häufigsten verbunden werden, sind William Stanley Jevons, sein Sohn Herbert Stanley Jevons (1884) und Henry L. Moore (1914).

Moore etwa analysierte Niederschlagsdaten im zentralen Teil der USA und entdeckte dabei Anzeichen für einen achtjährigen Zyklus. Er stellte eine Verbindung zwischen Niederschlagsmustern, der Produktion von Schmelzmetallen sowie dem allgemeinen Preisniveau her. Seine Analyse ergab, dass sich die Schmelzproduktion im Vergleich zu den Niederschlägen um etwa zwei Jahre und das Preisniveau um vier Jahre verschob. Aus diesen zeitlichen Verschiebungen leitete Moore eine signifikante Beziehung zwischen den Niederschlagszyklen, den Zyklen der Feldfruchtproduktion und den allgemeinen wirtschaftlichen Zyklen ab.

Das Argument lässt sich wie folgt darstellen:

Mehr Niederschlag führt zu höheren Ernteerträgen. Da die Nachfrage nach Agrarprodukten relativ unelastisch ist, führt das gestiegene Angebot zu einem deutlichen Rückgang der Preise. Dadurch werden landwirtschaftliche Rohstoffe für die Industrie günstiger – was das nicht-landwirtschaftliche Segment der Wirtschaft stimuliert. Die daraus resultierende Expansion der Industrieproduktion zieht wiederum eine steigende Nachfrage nach Agrarprodukten nach sich, was die Preise erneut steigen lässt. Gleichzeitig kann das Angebot durch die Rückkehr trockenerer Phasen erneut eingeschränkt werden. Auch wenn das niedrige Preisniveau nur temporär ist, reicht es doch aus, um eine kumulative wirtschaftliche Expansion auszulösen.

Die Theorien von W. S. Jevons und seinem Sohn H. S. Jevons folgen einem ähnlichen Muster. Sie führten Niederschlagszyklen, den wichtigsten Einflussfaktor auf die Landwirtschaft, auf Zyklen der Sonnenfleckenaktivität zurück. Ihrer Ansicht nach sind Schwankungen in der landwirtschaftlichen Produktion kausal verantwortlich für Veränderungen in der gesamtwirtschaftlichen Aktivität.

Allerdings stießen die statistischen Methoden dieser Autoren auf Skepsis. Ihre Ergebnisse wurden nie abschließend bestätigt oder unabhängig verifiziert. Die zentrale Frage lautet: War der Einfluss der Landwirtschaft tatsächlich groß genug, um als ursächlicher Faktor für konjunkturelle Schwankungen der Gesamtwirtschaft zu gelten?

Zwar war die Landwirtschaft früher ein dominierender Wirtschaftszweig, doch muss man bis in die Zeit vor dem Jahr 1914 zurückgehen, um sie als führenden Sektor der Wirtschaft zu bezeichnen. Seitdem hat die Bedeutung der Landwirtschaft kontinuierlich abgenommen. Nach dem Zweiten Weltkrieg etwa war die Position der Landwirte deutlich schwächer als die der industriellen oder dienstleistungsorientierten Wirtschaft, ohne dass sich daraus ein allgemeiner wirtschaftlicher Abschwung ableiten ließ. Dasselbe gilt auch für die 1920er Jahre, in denen es zwar zu bedeutenden strukturellen Anpassungen in der Landwirtschaft kam, diese jedoch nicht den wirtschaftlichen Gesamtverlauf bestimmten.

Verlässliche empirische Studien haben die Hypothese von Jevons und Moore daher grundsätzlich infrage gestellt. Zwar ist die Landwirtschaft über monetäre Einnahmen und Ausgaben eng mit der Gesamtwirtschaft verbunden, doch spielen weitere Faktoren – etwa geldpolitische Entwicklungen, technologische Veränderungen oder globale Nachfrageverschiebungen – eine entscheidende Rolle bei der Dynamik wirtschaftlicher Zyklen, die sich nicht allein aus klimatischen Schwankungen erklären lassen.

Heterodoxe Ansätze

4

Zusammenfassung

Heterodoxe Konjunkturtheorien stellen die Grenzen neoklassischer Erklärungsmodelle infrage und rücken institutionelle, psychologische und verteilungspolitische Faktoren in den Mittelpunkt. Veblen analysiert die Dynamik von Erwartungen und immateriellen Vermögenswerten; Mitchell plädiert für empirische Gründlichkeit statt abstrakter Modelle. Die Unterkonsumtheorie warnt vor Nachfragelücken infolge ungleicher Einkommensverteilung, während Wicksell die Rolle divergierender Zinsen für kumulative Preisbewegungen betont. Diese vielfältigen Perspektiven eröffnen ein tieferes Verständnis ökonomischer Insilität jenseits orthodoxer Lehrmeinung.

Betrachten wir nun die Arbeiten derjenigen, die man als „Außenseiter" bezeichnen kann – also jener, die die neoklassischen Grundannahmen als unzureichende Grundlage für die Untersuchung des Konjunkturzyklus verwarfen.

4.1 Veblen

Einige Autoren betrachten die zyklischen Schwankungen als einen inhärenten Bestandteil unseres Wirtschaftssystems, der in unseren Institutionen und Geschäftsprozessen verankert ist. Nur wenn wir uns eingehend mit der Funktionsweise der Institutionen unserer modernen Wirtschaft befassen und die

C. Diebolt, *Konjunkturzyklen*, https://doi.org/10.1007/978-3-658-49906-8_4

Wechselwirkungen zwischen den Institutionen und verschiedenen anderen wirtschaftlichen Kräften analysieren, können wir hoffen, unser Verständnis der Konjunkturzyklen wesentlich zu verbessern.

Einer der ersten, der diesen Ansatz verfolgte, war Thorstein Veblen (1904). Veblen war stark beeindruckt von der zentralen Rolle, die Gewinne in unserem Wirtschaftssystem spielen, und war der Ansicht, dass zyklische Schwankungen nur verstanden werden können, wenn man Preise, Gewinne und Kapitalausstattung in einem Handelsunternehmen untersucht. Er betonte die wichtige Rolle, die immaterielle Vermögenswerte in der Kapitalstruktur von Unternehmen spielen, sowie die Tatsache, dass ihre Bewertung von den potenziellen Gewinnen des Unternehmens abhängt. Die Aussicht auf eine Verbesserung der Gewinnquoten erhöht die Kapitalausstattung der Unternehmen; eine Verringerung der Gewinnquoten verringert sie.

Ein Aufschwung steht für eine günstigere aktuelle und zukünftige Nachfrage in einem Wirtschaftssektor. Die Preise in diesem Sektor steigen, die Gewinne verbessern sich, und der Optimismus in Bezug auf die Geschäftsaussichten nimmt zu. Die höheren Verkaufspreise übersteigen die gestiegenen Kosten, und die verbesserten Nettogewinne erhöhen die Kapitalausstattung der Unternehmen (ohne dabei zwingend die physische Kapazität zu steigern) und schaffen so eine Grundlage für höhere Kredite, was eine weitere Expansion fördert, und der Prozess wird kumulativ. Er wird so lange andauern, wie die Preise stärker steigen als die Kosten. Aber er kann nicht unbegrenzt weitergehen: Löhne, Rohstoffkosten, Zinsen und andere Fixkosten steigen allmählich an; die Gewinnspannen werden dadurch gedrückt. Die realisierten und potenziellen Gewinne sinken.

Kredite werden vorsichtiger vergeben, da Sachanlagen und immaterielle Vermögenswerte im Hinblick auf die sinkenden Gewinnspannen überbewertet erscheinen. Die Kontraktion beginnt, wenn sich Zweifel an der Silität der Beziehungen zwischen Schuldnern und Gläubigern verbreiten, die auf günstigeren früheren Gewinnquoten beruhen. Wenn die Gläubiger beginnen, Druck auf die Schuldner auszuüben, weil sie diese für überkapitalisiert halten, sind die Schuldner gezwungen, Vermögenswerte zu liquidieren, um die Kredite zurückzuzahlen; die Preise fallen – und der Rückgang führt zu einer kumulativen Abschwächung der Handelsaktivität.

4.2 Mitchell

Wesley C. Mitchell wurde stark von Veblen beeinflusst. Für ihn waren zyklische Schwankungen in einer Geldwirtschaft, die durch Spezialisierung, Arbeitsteilung und den weit verbreiteten Einsatz von Kapitalinstrumenten geprägt ist, natürlich. Diejenigen Theoretiker, die versuchten, allgemeine Prinzipien des Wirtschaftszyklus zu entwickeln, waren seiner Meinung nach nicht ausreichend mit den Phänomenen vertraut, mit denen sie es zu tun hatten. Die Aufgabe, die er sich stellte, war die Entwicklung eines umfangreichen Faktenfundaments, das alle Facetten dessen abdeckt, was während eines Konjunkturzyklus geschieht.

Mitchell war der Ansicht, dass Analysen, die die gesamte Komplexität der Phänomene, deren Ursache untersucht wird, berücksichtigen, eine größere Chance haben, ein realitätsnahes Modell des Konjunkturzyklus zu liefern – anhand dessen verschiedene Erklärungen beurteilt werden können (Mitchell, 1913, 1931). Diese Arbeit verfolgte Mitchell fast dreißig Jahre lang mit großem Nachdruck in der von ihm mitbegründeten Institution, dem National Bureau of Economic Research (NBER). Dennoch wurde ihm vorgeworfen, er habe eine gewisse Zurückhaltung gegenüber theoretischer Modellbildung gezeigt. Vielleicht ist es treffender zu sagen, dass er der Wirtschaftstheorie zwar Respekt zollte, jedoch der Meinung war, dass die von den klassischen und neoklassischen Theoretikern entwickelten Werkzeuge nicht die geeignetsten Mittel zum Verständnis des wirtschaftlichen Verhaltens seien.

Für Mitchell war die Gewinnerzielung eine institutionelle Tatsache von größter Bedeutung. Alles, was sich auf das Geschäft auswirkt, entfaltet seinen Einfluss über einen einzigen Faktor: die Erwartung künftiger Gewinne. Dieser Faktor wurde zum zentralen Punkt seiner Studien und zum wichtigsten Indikator bei jeder Analyse von Geschäftstransaktionen. Dies führte dazu, dass das NBER Pionierarbeit auf dem Gebiet der Volkseinkommensstatistik und seiner Verteilung leistete – lange bevor diese Messungen zu allgemein anerkannten Informationen wurden –, sowie bei der detaillierten Beobachtung und Klassifizierung von Konjunkturzyklen.

Hätte Mitchell eine ausgearbeitete Theorie des Wirtschaftszyklus entwickelt, könnte man sie am ehesten als „selbsterzeugenden Ansatz" einstufen. In gewisser Weise ist der Versuch, Mitchell zu klassifizieren, jedoch nicht zielführend. Er betonte, dass in jeder Phase des Zyklus bestimmte Kräfte entstehen, die durch ihren Einfluss auf die Gewinne den Übergang in die nächste Phase unausweichlich vorbereiten. Wirtschaftszyklen verlaufen kontinuierlich, wobei sich jede Phase aus der vorherigen entwickelt und in die nächste übergeht.

Mitchell erkannte, dass kein Wirtschaftszyklus dem anderen exakt gleicht, da die jeweilige Lage nicht nur von der Zyklusphase abhängt, sondern auch von einer Vielzahl weiterer Kräfte – etwa Veränderungen bei Produkten, Technologien, in der Geld- und Fiskalpolitik, im Verhältnis zwischen Arbeitgebern und Gewerkschaften, den Bedingungen in der Landwirtschaft, der Innen- und Außenpolitik und vielem mehr. All diese Kräfte fließen zu jedem Zeitpunkt in die Erwartungen über die Gewinnaussichten ein und beeinflussen so das Geschäftstempo – entweder beschleunigend oder bremsend. An dieser Stelle sei festgehalten, dass dies viele relevante Fragen im Hinblick auf die Beziehung zwischen Trend und Zyklus aufwirft.

Mitchell zufolge entstehen die günstigen Bedingungen für eine wirtschaftliche Erholung bereits während der Depression. Dazu gehören niedrige Preise und Betriebskosten, die Verfügbarkeit von Bankkrediten, die Entwicklung einer starken Ersatznachfrage und die Notwendigkeit, Lagerbestände wieder aufzufüllen. Sobald sich der Aufschwung eliert hat, entwickelt er sich kumulativ. Der Handel belebt sich, die Beschäftigung steigt, die Arbeitszeiten verlängern sich, und das Geschäftsklima verbessert sich. Das Tempo der Verbesserung kann durch äußere Ereignisse – etwa die Einführung eines neuen, besonders gefragten Produkts – zusätzlich beschleunigt werden. Die Preise steigen allmählich, die Gewinne verbessern sich: eine Schneeballwirkung setzt ein.

Die Prosperität endet laut Mitchell durch die Spannungen, die sich während der Expansionsphase aufbauen. Dazu zählen ein allmählicher Anstieg der Geschäftskosten, eine Verengung der Investitions- und Geldmärkte, die die Finanzierung neuer Projekte erschwert, sowie ein Rückgang bei den Neubestellungen von Investitionsgütern, weil einige Branchen erkennen, dass sich das Nachfragewachstum abflacht. Hinzu kommt ein Anstieg der Abgänge von Waren und Dienstleistungen und die Unfähigkeit vieler Unternehmen, in einem wettbewerbsintensiveren Markt ihre Gewinne zu halten, indem sie höhere Kosten an die Verbraucher weitergeben. Die Gewinne sinken, die Geschäftsaussichten trüben sich ein. Anpassungsprozesse werden notwendig: Produktion, Beschäftigung und Handel gehen zurück – und diese Veränderungen kumulieren sich unter Bedingungen, wie sie für Rezessionen und Depressionen typisch sind.

4.3 Der Ansatz des Unterkonsums

Der Kern des Ansatzes des Unterkonsums besteht darin, dass ein zu großer Anteil des Einkommens für die Bildung von Kapital aufgewendet wird, sodass es eine chronische Tendenz gibt, dass die Produktionskapazität die Nachfrage der Verbraucher übersteigt.

Unterkonsumtion oder übermäßiges Sparen als Ursache für Wirtschaftsschwankungen ist eine alte Doktrin mit einer langen Geschichte. Zu den ersten Befürwortern des Unterkonsums gehörte Thomas Robert Malthus. In jüngerer Zeit findet man dieses Argument in den Schriften von William T. Foster und Waddill Catchings in den USA, John A. Hobson in England und Emil Lederer im deutschsprachigen Raum (Gottschalk, 1932; Lederer, 1925).

Das Argument ist, dass das Einkommen einer Gemeinschaft in zwei Teile geteilt werden kann: das, was produziert und aktuell konsumiert wird, und das, was produziert und nicht konsumiert wird (in Form von Kapitalinstrumenten gespart). Übersparen findet in Form von Kapitalinstrumenten statt, die im Vergleich zu dem, was zur Befriedigung der aktuellen Bedürfnisse der Verbraucher erforderlich ist, überschüssig sind. Es können mehr Güter produziert werden, als die Menschen Geld haben, um sie zu kaufen. Dieser Ansatz ähnelt einigen Formen von Überinvestitionstheorien, die bereits behandelt wurden. Beispielsweise erwähnen sowohl J. A. Schumpeter als auch D. H. Robertson, dass der Wettbewerbsdruck am oberen Wendepunkt steigt, weil neue Produktionsanlagen eine Warenflut produzieren, die nicht absorbiert werden kann. Der Unterschied zwischen dem Ansatz des Sparüberschusses und einigen Formen des nichtmonetären Investitionsüberschusses ist im Wesentlichen eine Frage, die mit der Bedeutung des Phänomens zusammenhängt.

Das Problem ist eine Lücke zwischen Ersparnissen und Investitionen aufgrund übermäßiger Ersparnisse. Die Ersparnisse erhöhen die Produktionskapazität schneller als das Wachstum der Gesamtnachfrage der Verbraucher. Der Umfang der Ersparnisse tendiert dazu, die verfügbaren Investitionsmöglichkeiten zu übersteigen. Die Frage, die der Unterverbraucher beantworten muss, lautet: Wenn zu viel gespart wird, warum gibt es dann keine Kompensation durch Investitionen? Eine einfache Erklärung lässt sich nur finden, wenn die Investition sehr eng mit der Nachfrage der Verbraucher verknüpft ist. Die Einführung von Faktoren wie technologischem Wandel, Bevölkerungswachstum und geografischer Expansion erschwert eine zufriedenstellende Erklärung erheblich.

4.3.1 Hobson

Hobson geht davon aus, dass es eine globale Sparquote gibt, die ein gleichmäßiges und kontinuierliches Wirtschaftswachstum ermöglicht.

Die übermäßige Ersparnis ist der „Bösewicht". Mit anderen Worten: Es gibt eine optimale kollektive Sparquote, die mit der wirtschaftlichen Expansion vereinbar ist. Die Gesamtersparnis setzt sich jedoch aus der Summe der persönlichen Ersparnisse und der Ersparnisse der Unternehmen zusammen, und der Anteil des Einkommens, den die Gemeinschaft sparen möchte, steht häufig im Konflikt mit dieser optimalen Quote. Während eines zyklischen Aufschwungs kann ein größerer als der nachhaltige Anteil der wirtschaftlichen Ressourcen für die Erhöhung des Bestands an Kapitalinstrumenten verwendet werden. Deren Fähigkeit, Waren und Dienstleistungen zu produzieren, übersteigt das Marktpotenzial, und es kommt zu einem allgemeinen Überangebot. In der Abwärtsphase sinken Produktion und Einkommen, und die realen Ersparnisse sind geringer als nötig, um selbst den vorhandenen Bestand an Kapitalgütern zu erhalten. Es ergeben sich wieder Marktchancen, und die Expansion setzt wieder ein.

Das Problem besteht dann darin, die tatsächliche und die optimale globale Sparquote miteinander in Einklang zu bringen. Hobson weist wie andere Analysten darauf hin, dass ein sehr hoher Anteil der gesamten Ersparnis auf die einkommensstärkeren Gruppen der Gesellschaft entfällt. Diese Überersparnis kann durch eine gerechtere Einkommensverteilung korrigiert werden. Maßnahmen, die eine gerechtere Verteilung ermöglichen würden, sind somit die politischen Schlussfolgerungen, denen Hobson sich anschließen muss.

4.3.2 Foster und Catchings

Der Ansatz von Foster und Catchings ist etwas anders, obwohl die grundlegende Ursache für zyklische Schwankungen nach wie vor die übermäßige Ersparnis ist. Sie argumentieren, dass während einer wirtschaftlichen Expansionsphase die Käufe der Verbraucher nicht mit der Produktion Schritt halten, was letztlich die Ursache für die Verlangsamung der Produktion ist. Sowohl Privatpersonen als auch Unternehmen erkennen den wünschenswerten Charakter des Sparens an. Die Art der Welt, in der sie sich bewegen, zwingt sie nämlich zum Sparen. Die Endverwendung von Ersparnissen besteht in der Schaffung von Kapitalinstrumenten, die das verfügbare Angebot an Waren und Dienstleistungen durch die Erhöhung der Produktionskapazität erweitern. Der Anstieg der Produktion wird möglicherweise nicht vollständig durch einen entsprechenden Anstieg des Geldeinkommens der Verbraucher ausgeglichen, sodass die zusätzliche Produktion unverkauft bleiben oder zu niedrigeren Preisen verkauft werden muss. Tatsächlich senkt das Sparen die Preise aufgrund der Produktivitätssteigerung, die sich aus dem erhöhten Bestand an Investitionsgütern ergibt. Kann eine Erhöhung der Geldmenge diese Situation korrigieren? Die Ausweitung der Umlaufmittel gewährleistet nicht, dass die Verbraucher den Strom von Waren und Dienstleistungen vollständig absorbieren. Das Geld, so Foster und Catchings, wird in erster Linie erhöht, um die Produktion von Gütern zu erleichtern, und die Güter müssen mit einem Aufschlag oder für mehr Verkaufserlöse an die Verbraucher verkauft werden, als sie durch die ursprüngliche Erhöhung der Geldmenge bereitgestellt haben. Darüber hinaus werden die Ersparnisse von Einzelpersonen und Unternehmen für die Entwicklung von Kapitalinstrumenten verwendet, die die Produktionskapazität erhöhen. Die Ersparnisse werden nicht zum Kauf von Gütern verwendet, die bereits auf dem Markt sind. Daher ist ein Strom von Geldeinkommen an die Verbraucher erforderlich, der nach Abzug der Ersparnisse immer noch in etwa dem Strom der Endprodukte entspricht. Geld wird für die Produktion von Gütern bereitgestellt, und es wird notwendig, Geld im Überfluss für den Konsum bereitzustellen, wenn der wirtschaftliche Fortschritt in einem einigermaßen gleichmäßigen Tempo erfolgen soll.

Eine andere Form des Unterkonsumtionsansatzes lenkt die Aufmerksamkeit auf die Tendenz, dass Preise und Gewinne in Zeiten wirtschaftlichen Aufschwungs schneller steigen als die Löhne. Diese Verzögerung schafft einen zusätzlichen Anreiz für Investitionen. Bei den Arbeitnehmern, deren Ausgaben den Großteil des Konsums ausmachen, reicht die Kaufkraft nicht aus, um die Produktion dieser Anlagen zu absorbieren. Die grundlegende Ursache des Niedergangs ist die fehlende effektive Nachfrage der Verbraucher. Die Rezession, die Mitte 1929 begann, wurde oft mit diesen Worten erklärt.

Mehrere der im vorherigen Abschnitt untersuchten Theorien betonten die Divergenzen in der Spar-Investitions-Beziehung als zentralen Punkt der Zyklusanalyse, der am ehesten die Faktoren aufdeckt, die zu den wiederkehrenden Expansions- und Kontraktionsphasen führen. Der Einkommen-Ausgaben-Ansatz der Zyklusanalyse stellt eine Mischung aus Schwerpunkten in einem neuen analytischen Rahmen für die Spar-Investitions-Beziehung und den kreisförmigen Strom von Einkommenszahlungen dar.

John Maynard Keynes ist der Ökonom, der den analytischen Rahmen lieferte und auch in seinen früheren Arbeiten zur Verfeinerung der Spar- und Investitionsbeziehung beigetragen hat.

Zwei Vorläufer von Keynes, deren Arbeiten ihn eindeutig beeinflusst haben, sind Knut Wicksell von der schwedischen Schule und D. H. Robertson, ein Ökonom aus Cambridge und Kollege von Keynes. Es ist durchaus gerechtfertigt, von Wicksell-Robertson-Keynes' Entwicklung des Einkommen-Ausgaben-Ansatzes der Konjunkturanalyse zu sprechen, trotz der Tatsache, dass Keynes' Hauptwerk, die Allgemeine Theorie der Beschäftigung, des Zinses und des Geldes, oft als Startplattform für eine neue Ökonomie angesehen wird. Da die Allgemeine Theorie nicht als Erklärung für die chronische Unzulänglichkeit der effektiven Nachfrage interpretiert wird, sondern vielmehr als Modell, das das Fehlen intrinsischer Gründe veranschaulicht, warum das Volumen der effektiven Nachfrage immer ausreichend sein sollte, um eine Vollbeschäftigungsproduktion von Waren und Dienstleistungen zu absorbieren, sehen wir Keynes in der Tradition der Schwedischen Schule und Robertsons.

4.3.3 Wicksell

Wicksell (1898) erkannte den Zusammenhang zwischen Geld, Zinssatz und den Instabilitäten, die integraler Bestandteil des Spar- und Investitionsverhältnisses sind. Sein Hauptanliegen war nicht der Konjunkturzyklus an sich, sondern das Problem der Preisniveaufluktuation und der Versuch, durch die Integration von Geld- und Preistheorie eine Erklärung für das Preisniveau zu liefern.

Zuvor waren die Preistheorie und die Geldtheorie auf recht starre Weise voneinander abgeschottet gewesen. Das Preisniveau wurde allgemein als Funktion der Geldmenge beschrieben, doch Wicksell versuchte, die konventionellen Konzepte von Angebot und Nachfrage, die bis dahin nur zur Erklärung der Preisbewegungen einzelner Waren angewandt worden waren, auf die Analyse von Veränderungen des Preisniveaus anzuwenden. Die Konzepte von Angebot und Nachfrage wurden in die Auswirkungen von Schwankungen der Geldmenge auf das allgemeine Preisniveau integriert.

Wicksell betonte die Tatsache, dass die Spar- und Investitionsprozesse von verschiedenen Gruppen der Gesellschaft durchgeführt werden, die auf unterschiedliche Anreize reagieren, sodass es keinen logischen Grund für ihre Gleichheit gibt. Was die globale Wirtschaft für Konsumgüter und Investitionsgüter ausgeben möchte, entspricht möglicherweise nicht dem Wert dessen, was derzeit produziert wird. Das globale Angebot und die globale Nachfrage sind nicht notwendigerweise gleich, und Says Gesetz der Märkte ist für die kurzfristige Analyse nicht anwendbar.

Auf welche Weise können daher Änderungen der Gesamtnachfrage oder des Gesamtangebots das Preisniveau beeinflussen?

Nach Wicksell ist der natürliche Zinssatz gleich der erwarteten Grenzrendite des neu geschaffenen Realkapitals. Der Marktzins oder der Preis, der auf dem Kapitalmarkt für Gelder gezahlt wird, ist dem natürlichen Zinssatz entgegengesetzt. Wenn diese Zinssätze gleich sind, befindet sich die Wirtschaft in einer Gleichgewichtslage, die Sparnachfrage entspricht dem verfügbaren Angebot. Die Ersparnisse entsprechen den Investitionen, und der zirkuläre Fluss von Einkommen und Ausgaben wird aufrechterhalten, ohne Anreize zur Expansion oder Kontraktion. Es gibt jedoch keinen Grund, warum der natürliche Zinssatz und der Marktzins gleich sein sollten. Der natürliche Zinssatz kann aufgrund des technischen oder kommerziellen Fortschritts steigen und den Marktzins oder die Kosten für die Beschaffung von Fremdkapital übersteigen. Eine weitere Ursache für eine Störung wäre ein Absinken des Marktzinses auf ein Niveau unterhalb des natürlichen Zinssatzes, wenn die Bankbehörden das verfügbare Angebot an kreditfähigem Kapital durch eine liberale Kreditpolitik ergänzen. Wicksell war der Ansicht, dass Schwankungen des natürlichen Zinssatzes der üblichste Störfaktor sein würden.

Die Existenz einer Differenz zwischen dem natürlichen Zinssatz und dem Marktzins löst einen Prozess der kumulativen Expansion oder Kontraktion aus und führt zu Schwankungen des allgemeinen Preisniveaus. Wenn zum Beispiel die erwartete Rendite neuer Investitionsausgaben den Marktzins übersteigt, wird die Nachfrage nach kreditfähigen Mitteln das Angebot an freiwilligen Ersparnissen übersteigen. Die Lücke wird durch Geldmengenausweitung oder durch eine Verringerung der Liquidität geschlossen. Die Unternehmen werden mehr Material verwenden und mehr Arbeitskräfte beschäftigen, wenn das Tempo der wirtschaftlichen Aktivität zunimmt. Höhere Zahlungen für Produktionsfaktoren führen wiederum zu höheren Preisen für Konsumgüter. Diese werden dazu dienen, den Wert des Kapitals zu erhöhen, der vom Barwert eines zukünftigen Gewinnstroms abhängt, der zum aktuellen Zinssatz abgezinst wird. Dieser Gewinnstrom wird durch den Anstieg des Preisniveaus der Konsumgüter verstärkt. Es ist zu erwarten, dass sich die kumulative Expansion und die Preisspirale fortsetzen, solange der natürliche Zinssatz den Marktzins übersteigt. Eine umgekehrte Situation, in der die Marktrate die natürliche Rate übersteigt, würde zu einer kumulativen Kontraktion führen.

Knut Wicksells Erklärung des kumulativen Prozesses von Expansion und Kontraktion kann von seiner Sicht des Zyklus unterschieden werden. In der zyklischen Analyse verbündete er sich eng mit A. Spiethoff und der oben beschriebenen Position von D. H. Robertson an. Er führt die Zyklen auf reale Ursachen zurück, die unabhängig von den Preisbewegungen sind. Die Preise spielen bei der Initiierung des Zyklus eine untergeordnete Rolle, obwohl sie einen kritischen Einfluss bei der Erklärung von Wendepunkten haben können. Die Hauptursache für Zyklen liegt seiner Ansicht nach darin, dass der technische und kommerzielle Fortschritt nicht das gleiche Tempo beibehalten kann wie die Bevölkerung und ihre materiellen Bedürfnisse. Der technologische Wandel ist von Natur aus unregelmäßig, mal schnell, mal verzögert. Die Nutzung von Entwicklungen erfolgt so schnell wie möglich, was zu der für jede Expansionsphase typischen Bündelung von Investitionsausgaben führt. Die aus diesen neuen Investitionsausgaben resultierende höhere Kapazität schwächt in Verbindung mit einer Verlangsamung des technischen Fortschritts die Expansionskräfte. Die späteren Phasen der Expansion werden durch die Unterschiede zwischen dem natürlichen Zinssatz und dem Marktzinssatz erschwert, da in diesen Perioden die durch eine fehlerhafte Kreditpolitik verursachten Schwankungen der Kaufkraft des Geldes eine Intensivierung der im angegebenen realen Faktor verwurzelten industriellen Fluktuationen erzeugen.

Zusammenfassend lässt sich sagen, dass Wicksells theoretische Formulierungen betonen, dass es eine Divergenz zwischen Sparen und Investieren geben kann. Investitionsausgaben werden von kommerziellen Unternehmen getätigt, und die Entscheidung wird durch die Grenzgewinnrate bestimmt; Sparen und Investieren werden von verschiedenen Gruppen der Gesellschaft getätigt; der Marktzins ist ein monetäres Phänomen, das durch die Handlungen des Finanzkomplexes beeinflusst wird.

4.3.4 Kurze Zusammenfassung des Denkens vor Keynes

Nach diesem kurzen Überblick über die Theorie des Konjunkturzyklus vor Keynes ist es nun an der Zeit, die verschiedenen Elemente miteinander zu verbinden und zu sehen, ob wir ein vollständiges Bild des Konjunkturzyklus zusammenfassen können.

Zusammenfassend kann es hilfreich sein, zwischen exogenen und endogenen Faktoren zu unterscheiden. Diese Unterscheidung wurde von einer Reihe von Autoren getroffen. Exogene Kräfte oder Faktoren sind Entwicklungen außerhalb des Wirtschaftssystems. Eine rein exogene Theorie des Konjunkturzyklus würde die wirtschaftlichen Schwankungen als eine zufällige und willkürliche Abfolge von Veränderungen betrachten. Endogene Faktoren hingegen beziehen sich auf die Reaktionen des Wirtschaftssystems auf externe Stimuli. Eine vollständig endogene Theorie des Konjunkturzyklus würde sich ausschließlich auf die Reaktionen innerhalb des Wirtschaftssystems stützen, und zwar auf der Grundlage von verschobenen Beziehungen, um sowohl die kumulative Natur von Expansion und Kontraktion als auch die oberen und unteren Vereinbarungspunkte zu erklären.

Es ist unrealistisch, eine der beiden Extrempositionen einzunehmen, nämlich dass die zyklischen Schwankungen rein zufällige oder von außen kommende Störungen darstellen oder dass im Gegenteil die Oszillation der globalen Wirtschaftstätigkeit aufgrund der besonderen Struktur des Wirtschaftssystems selbsterhaltend ist.

Ebenso unangemessen ist es, den Wirtschaftszyklus als rein endogener Naturerscheinung zu betrachten. Dies führt dazu, dass die Geschäftsbedingungen von ihrem historischen Kontext, dem Einfluss veränderter politischer und sozialer Beziehungen, dem Konflikt von Gruppeninteressen und den Auswirkungen von Veränderungen in unserer Denkweise isoliert werden.

Schließlich zeigen unsere bisherigen Ausführungen, dass die Theorie des Konjunkturzyklus vor Keynes eine Mischung aus Veränderungen ist, die außerhalb und innerhalb des Wirtschaftssystems ihren Ursprung haben.

Die Nachkriegsentwicklung 5

Zusammenfassung

Im Zentrum der Analyse stehen moderne Konjunkturtheorien, die von Keynes' grundlegenden Einsichten zur effektiven Nachfrage ausgehen und bis zu heutigen makroökonomischen Modellen reichen. Unsicherheit bzw. Ungewissheit, Erwartungen und wirtschaftspolitische Interventionen werden dabei als entscheidende Einflussfaktoren wirtschaftlicher Schwankungen herausgearbeitet. Historische Entwicklungen und theoretische Konzepte treten in einen produktiven Dialog. Die Vielfalt der Ansätze verweist auf die Komplexität konjunktureller Dynamiken – und auf die Notwendigkeit, ökonomische, institutionelle und psychologische Dimensionen gemeinsam zu denken.

Es war Clément Juglar, der als Erster in der 1862 erschienenen ersten und der 1889 erschienenen zweiten Auflage seines Buches *Des crises commerciales…* den Verlauf von Krisen in Frankreich, England und den USA untersuchte. 1954 sah Schumpeter in ihm *„einen der größten Ökonomen aller Zeiten"*. Seine Methode ist vergleichend und stützt sich auf die empirische Untersuchung langer Zeitreihen. Mit einem Wort: Der Ansatz ist wissenschaftlich. In Juglars eigenen Worten (1862, S. XII): *„Indem wir uns nicht nur auf statistische Erhebungen, sondern auf große Zahlen, lange Zeiträume und auf drei große Länder stützen, glauben wir, die Hauptbedingungen einer wissenschaftlichen Beweisführung viel besser als durch stets fragwürdige Behauptungen erfüllt zu haben."*

Für Juglar gibt es kaum Zweifel an der grundlegenden Ursache von Krisen und damit von Zyklen: Nachdem zufällige Ursachen oder besondere Ereignisse ausgeschlossen wurden, liegt die Ursache von Krisen in Veränderungen der

C. Diebolt, *Konjunkturzyklen*, https://doi.org/10.1007/978-3-658-49906-8_5

Kreditbedingungen, insbesondere in der Entwicklung von Diskontierungen und Vorschüssen, sowie in der Annahme, dass die Entwicklung des Metallumlaufs eine zentrale Rolle spielt.

Es sei darauf hingewiesen, dass Juglar in der zweiten Auflage von 1889 denselben Ansatz verfolgte, jedoch mehr statistisches Material verarbeitete und einen längeren Zeitraum untersuchte. Außerdem unterschied er sich deutlich von Jevons, indem er eine strenge Periodizität des Zyklus ablehnte und lediglich feststellte, dass die Krisen *„in einem Zeitraum von 5 bis 10 Jahren“* wiederkehren. Ebenfalls in dieser zweiten Auflage schlug Juglar eine Analyse der Phasen des Zyklus vor, die auch heute noch verwendet wird: die Prosperität mit einer Dauer von 5 bis 7 Jahren, die Krise (einige Monate bis einige Jahre), die Depression (einige Jahre).

Die Verwendung langer Zeitreihen zur Charakterisierung des Wirtschaftszyklus geht also auf Juglar (und in geringerem Maße auf Jevons) zurück, doch die erste wirklich statistische Analyse dieser Reihen ist das Verdienst von Moore und Persons. Moore (1914) nutzte das Periodizitätsdiagramm, um zwei Zyklen mit einer Dauer von 8 bzw. 33 Jahren in der Niederschlagsmenge des Ohio Valley zu erkennen. Persons (1919) war offenbar der erste Ökonom, der vorschlug, Zeitreihen in vier Komponenten zu zerlegen: den Trend, den Zyklus, die Saisonalität und einen rein zufälligen Rest. Wir werden später auf den anderen großen Beitrag von Persons zur Fluktuationsanalyse zurückkommen: die Konstruktion des *„Harvard-Barometers“*.

Doch bereits 1913 veröffentlichte Wesley Clair Mitchell das erste Buch, das sich ausschließlich mit der Untersuchung wirtschaftlicher Schwankungen befasste. Darin entwickelte er eine neue Methode der Herangehensweise, die man in seinen eigenen Worten zusammenfassen kann als: *„Beobachtung, Analyse und Systematisierung der Phänomene Prosperität, Krise und Depression“* (Mitchell, 1913, S. 20). Die verschiedenen Konjunkturtheorien sollten lediglich dazu dienen, die relevanten Fakten auszuwählen.

Im Jahr 1920 wurde Mitchell Direktor des NBER, einer Organisation, die 1921 ein Programm zur statistischen Untersuchung von Wirtschaftsschwankungen startete. Aus diesem Programm ging ein neues Buch von Mitchell hervor, *Business Cycles: The Problem and Its Setting,* das 1927 veröffentlicht wurde. Mitchell kritisierte darin die Verwendung der von Moore und Persons angewandten statistischen Techniken – Periodizität oder Extraktion der zyklischen Komponente –, da diese Techniken den Wirtschaftszyklus nicht direkt messen würden. Vor allem aber bot *Business Cycles* eine Zusammenfassung der in den 1920er Jahren durchgeführten Konjunkturforschung und endete mit der Definition eines Plans zur Messung von Wirtschaftsschwankungen. Auf diese Weise, so Morgan (1990,

S. 50), begründete das Buch *„Mitchells Ruf als führende Figur in der statistischen Konjunkturforschung für die gesamte Zwischenkriegszeit"*.

Aus Mitchells Forschungsprogramm sollte ein weiteres Werk hervorgehen: *Measuring Business Cycles,* das diesmal in Zusammenarbeit mit A. F. Burns verfasst und 1946 veröffentlicht wurde. Neben einer Definition des Begriffs Zyklus schlagen die beiden Autoren eine Reihe von Messungen von Schwankungen vor, genauer gesagt von dem, was sie einerseits den Referenzzyklus und andererseits die spezifischen Zyklen nennen. Letztere sind spezifisch für bestimmte Variablen und werden durch die Datierung der Wendepunkte der betreffenden Variablen gewonnen. Der Referenzzyklus ist der aggregierte, globale Wirtschaftszyklus, der auf der Grundlage einer Reihe von als relevant erachteten Variablen ermittelt wird.

In den 1920er Jahren war Mitchell jedoch nicht der einzige Ökonom, der sich mit der statistischen Analyse von Wirtschaftsoszillationen beschäftigte. Der bereits erwähnte Persons war 1917 vom Harvard Committee for Economic Research beauftragt worden, eine Studie über *„Methoden zur Erhebung und Interpretation von Wirtschaftsstatistiken"* durchzuführen. Zwei Jahre später veröffentlichte er in der 1919 vom Harvard-Komitee gegründeten *Review of Economic Statistics,* die 1949 in *Review of Economics and Statistics* umbenannt wurde, die Ergebnisse seiner Arbeit in Form eines Konjunkturbarometers (Business Barometer). Das Barometer basierte auf drei Konjunkturindikatoren, die die Bewegung der Wirtschaft repräsentierten und sich auf die Aktienmärkte, die Industrie und die monetären Bedingungen bezogen. Diese Indikatoren führten zu den berühmten Harvard-A-B-C-Kurven, die die Dynamik der Wirtschaftsschwankungen darstellen sollten.

In den 1920er Jahren kam es zu einer wahren Blüte von Institutionen, die sich der Zyklus- und Konjunkturforschung widmeten. 1920 wurde das von Kondratieff geleitete Moskauer Institut gegründet, 1922 das Stockholmer Institut, 1923 Institute in Paris und London, 1925 Berlin usw. Im Januar 1927 wurde in Wien das Österreichische Konjunkturinstitut unter der Leitung von Ludwig von Mises gegründet. Dank seiner Unterstützung übernahm Hayek die Leitung des Instituts, bis er 1931 von Wien nach London zog, um an der London School of Economics zu arbeiten. Morgenstern folgte ihm bis 1938, als er nach dem Anschluss in die USA emigrierte.

Der intellektuelle Einfluss sowohl von Mitchell als auch von Persons auf die meisten dieser neuen Institute ist offensichtlich. Das Moskauer Institut wurde 1928 geschlossen und Kondratieff nach Sibirien verbannt. Die europäischen Institute und das Harvard-Institut verloren ihre Glaubwürdigkeit, auch weil sie die Krise von 1929 nicht vorhersehen konnten.

5.1 Der Tinbergen-Moment

Der Niedergang der Konjunkturinstitute ebnete den Weg für Versuche, den Zyklus zu modellieren. Ein Name ist in diesem Zusammenhang besonders hervorzuheben: Jan Tinbergen, der 1969 zusammen mit Ragnar Frisch den ersten Nobelpreis für Wirtschaftswissenschaften erhielt. Doch die Forschung des niederländischen Ökonomen, so beachtlich sie auch war, entstand nicht aus dem Nichts, sondern wurde direkt durch die Arbeit von drei Autoren vorbereitet: Yule, Slutsky und Frisch.

George Udny Yule (1926) hatte gezeigt, dass man bei der Berechnung von Korrelationen (im statistischen Sinne) zwischen Zeitreihen sehr vorsichtig sein muss, da diese unsinnig sein können *(„nonsense correlations“).* Natürlich führte eine solche Kritik implizit dazu, dass die Arbeit der Konjunkturanalysten, die sich auf die Berechnung hoher Korrelationskoeffizienten stützten, um die Existenz von Beziehungen zwischen Variablen nachzuweisen, relativiert wurde. Im Jahr darauf veröffentlichte Yule (1927) einen weiteren Artikel, in dem er den Zyklus mit einem *„mit Erbsen beschossenen Pendel“* verglich, wobei die Schwingungen durch zufällige Stöße – die Erbsen – aufrechterhalten werden.

Der russische Ökonom Eugen Slutsky (1937) betonte in einem 1927 verfassten, aber erst 1937 in englischer Sprache veröffentlichten Artikel noch stärker die Bedeutung zufälliger Schocks, da diese durch ihre Kumulation Reihen erzeugen könnten, die einer Kombination von Sinusschwingungen ähnelten. Kuznets (1929, S. 274), der Slutskys Artikel im Original lesen konnte, zog daraus den Schluss: *„Wenn Zyklen aus zufälligen Ereignissen entstehen, (…), dann brauchen wir offensichtlich keine unabhängige, regelmäßig wiederkehrende Ursache mehr.“*

Ragnar Frisch, der erste Nobelpreisträger für Wirtschaft zur gleichen Zeit wie Tinbergen, ist der dritte Autor, der einen großen Einfluss auf den niederländischen Ökonomen hatte. 1933 entwickelte er in einem für den Kasseler Huldigungsband geschriebenen Papier ein kleines makroökonomisches und dynamisches Modell des Zyklus: mathematisch gesehen ein gemischtes System aus Rekursions- und Differentialgleichungen. Der Versuch entsprach dem Zeitgeist, da die Krise von 1929 die Aufmerksamkeit der Wirtschaftswissenschaftler auf sich zog.

Ohne ins Detail zu gehen, genügt es zu sagen, dass Frischs Modell deterministische dynamische Beziehungen mit zufälligen Schocks kombiniert. Man könnte es fast als ökonometrisches Modell bezeichnen, nur dass die strukturellen Parameter nicht geschätzt, sondern *„kalibriert“* wurden. Immerhin lieferte das kalibrierte Frisch-System Lösungen für die drei wichtigsten Variablen, die aus einem Trend und drei Zyklen bestanden, von denen einer, der primäre, 8,57 Jahre dauerte. Dies entsprach der Realität.

Im Anschluss an die drei vorangegangenen Autoren konstruierte und schätzte Jan Tinbergen das erste ökonometrische Modell des Zyklus. Er tat dies auf Anfrage der Vereniging voor de Staathuishoudkunde en de Statistiek, der Vereinigung niederländischer Ökonomen, die im Oktober 1936 einen Kongress zum Thema *„Wege aus der Depression"* veranstaltete. Vor einem Publikum, das mit quantitativen Methoden kaum vertraut war, verzichtete Tinbergen (1936) in seinem Vortrag auf die technischsten Aspekte. Ein Jahr später veröffentlichte er jedoch bei Hermann in Paris eine umfassende Darstellung des *„holländischen ökonometrischen Modells"* und ermittelte die quantitativen Auswirkungen einer breiten Palette wirtschaftspolitischer Maßnahmen. Um ehrlich zu sein, war dies für die damalige Zeit sowohl eine intellektuelle als auch eine numerische Leistung: Das Modell umfasste nämlich 31 Variablen und 22 Gleichungen; von letzteren waren 16 verhaltensbezogene oder technische Beziehungen, die Tinbergen für den Zeitraum von 1923 bis 1935 schätzte (Tinbergen, 1937, S. 14–15).

Der niederländische Ökonom hatte sich schon früh für das Problem der Wirtschaftsschwankungen interessiert, wie sein Beitrag in *Econometrica* (Tinbergen, 1935) zeigt. Daher ist es nicht verwunderlich, dass der spätere Nobelpreisträger bereits 1936 vom Völkerbund beauftragt wurde, die Konjunkturtheorien, wie sie in Haberler (1937) dargelegt werden sollten, empirisch zu testen. Tinbergen arbeitete gut zwei Jahre an dem Thema und veröffentlichte 1939 die Ergebnisse seiner Untersuchungen in Form von zwei Bänden mit dem Titel *Statistical Testing of Business-Cycle Theories.* Der erste enthielt einen methodischen Teil, der aus den Kap. 1, 2, 3, 4 und 5 bestand, sowie drei Fallstudien (Investitionsschwankungen, Wohnungsbau und Nettoinvestitionen in Eisenbahnen); der zweite enthielt ein ökonometrisches Modell der US-Wirtschaft, mit dem die verschiedenen Zyklusanalysen bewertet werden sollten.

Dieses dynamische Makromodell war eine noch größere Leistung als das holländische Modell von 1936. Es umfasste 71 Variablen, 48 Gleichungen und deckte den Zeitraum von 1919 bis 1932 ab. Außerdem war es empirisch interessanter, da Tinbergen in der Lage war, eine Reihe rein verbaler Theorien in Gleichungen umzusetzen und diese dann in einem dreistufigen Verfahren zu testen. Natürlich war die Schätzung dieser verschiedenen Modelle von den verwendeten Daten abhängig (die nicht sehr gut waren), ebenso wie vom sehr speziellen Charakter des untersuchten Zeitraums (der *„Great Depression"*). Dafür konnte Tinbergen jedoch nicht verantwortlich gemacht werden.

Aus heutiger Sicht interessanter ist der erste Band, wenn man ihn in seiner methodologischen Dimension betrachtet. Die verwendete Methode wird von

Tinbergen (1939, Bd. I, S. 15) als *„Korrelationsanalyse"* bezeichnet. In Wirklichkeit geht es einfach darum, die Koeffizienten einer multiplen linearen Regression (eventuell mit verzögerten Variablen) durch Minimierung der Quadrate der Schätzungsreste zu ermitteln, d. h. durch Anwendung der Methode der kleinsten Quadrate. Dieser geschätzten Gleichung wird dann ein Korrelationskoeffizient zugeordnet – der berühmte R-Wert der modernen Ökonometrie –, dessen Wert zwischen 0 und 1 schwankt. Je näher dieser Wert an der Eins liegt, desto besser ist die statistische Anpassung. Ist diese Arbeit getan, muss die statistische Signifikanz der Koeffizienten geprüft werden – kurz gesagt: Sie müssen getestet werden. In dieser Hinsicht bezieht sich Tinbergen (1939, Bd. I, S. 28) nicht auf den Ansatz von Neyman-Pearson, sondern auf das, was er *„die klassische Methode"* nennt, deren „endgültige Form von R. A. Fisher gegeben wurde." In der Praxis läuft die Methode darauf hinaus, dass auf jeden Koeffizienten, der durch seinen Standardfehler geteilt wird, ein t-Test angewendet wird. Tinbergen verwendet auch eine andere Testmethode von Frisch (1934) – die sogenannten bunch maps –, die schon lange nicht mehr verwendet wird und daher hier nicht weiter erläutert wird. Leser, die mehr darüber erfahren möchten, können sich auf (Tinbergen, 1939, Bd. I, S. 29–31 oder Valavanis, 1959, S. 146–150) beziehen.

Tinbergens Werk wurde unterschiedlich beurteilt. Während Allen (1940) zum Beispiel ein begeisterter Befürworter war, war Milton Friedman (1940) wesentlich kritischer, obwohl sich Friedmans Rezension von *Statistical Testing...* nur auf Band II bezieht. Die strengste Rezension stammt jedoch unumstritten von Keynes (1939). Neben Meinungsverschiedenheiten über die epistemologische Bedeutung von Tinbergens Arbeit führte der Autor der *General Theory* sechs Kritikpunkte an der angewandten ökonometrischen Methodik an: die Notwendigkeit, alle *„Ursachen"*, d. h. alle „Faktoren", zu bestimmen, also die erklärenden Variablen, die an einer multiplen Regression beteiligt sind; die Unfähigkeit, nicht messbare, qualitative Variablen zu berücksichtigen; die Möglichkeit von Verbindungen zwischen den erklärenden Variablen – heute würde man sagen: Multikollinearität; die Nicht-Überprüfung der Hypothese der Linearität der geschätzten Beziehungen; die Schwierigkeit, die Anzahl der Verzögerungen in den geschätzten Gleichungen korrekt zu bestimmen; die Abhängigkeit der Schätzungen vom Stichprobenzeitraum.

Tinbergen (1940) antwortete auf den Ökonomen aus Cambridge. Die eigentliche Antwort kam jedoch erst später mit der Entwicklung der ökonometrischen Theorie und Praxis, die Lösungen für die von Keynes aufgeworfenen – realen – Probleme bereitstellte. Beispielsweise ist es heute üblich, nichtlineare Gleichungen oder Modelle mit qualitativen Variablen zu schätzen.

5.2 Keynes und Hayek

Die Große Krise der 1930er Jahre, die keinen wirklichen historischen Präzedenzfall darstellte und sich in Form und Ausmaß von den klassischen Krisen des 19. Jahrhunderts unterschied, führte zu einer Fülle theoretischer Literatur. Aus dieser Fülle – die von Haberler (1943) gut analysiert wurde, auch wenn er nicht über genügend Abstand verfügte, um eine sinnvolle Auswahl aus der Literatur zu treffen – ragen zwei Namen heraus: Hayek, der bekannteste Vertreter der Österreichischen Schule der Ökonomie, und Keynes. Die österreichische Zyklusanalyse ist in einem allgemeinen Kontext zu sehen: dem Interesse des wirtschaftlichen Denkens in der Zwischenkriegszeit an der Untersuchung von Konjunkturphasen, das durch den Ausbruch der Krise von 1929 natürlich noch verstärkt wurde. Aus einem anderen Blickwinkel betrachtet, verbindet sie sich mit einem für die österreichische Tradition charakteristischen Anliegen, nämlich der Art und Weise, wie das Geld in die realen Phänomene integriert wird. Obwohl ihre Arbeiten nicht als erschöpfend für eine österreichische Theorie des Zyklus angesehen werden können, sind Mises und Hayek dennoch die beiden wichtigsten Vertreter.

Mises war mit *The Theory of Money and Credit* (1912) der Initiator einer ersten theoretischen Darstellung der Einflusskanäle des Geldes auf die Realwirtschaft. Diese besteht in einer Erklärung wirtschaftlicher Störungen durch die Auswirkungen der Geldschöpfung auf die Struktur der relativen Preise. Mises entwickelte diese Analyse in der Zwischenkriegszeit weiter (vgl. die Texte in *The Manipulation of Credit and Money* (1934/1978) und den Teil von *Money, Method and the Market Process* (1990), der sich mit monetären Fragen befasst (55–109), und dann durch die aufeinanderfolgenden Ausgaben von *L'action humaine* (1949, 1963, 1966).

Hayek widmete seine ersten wirtschaftlichen Forschungen in den späten 1920er Jahren der Zyklusanalyse. Im Anschluss an eine Studienreise in die USA (1923–1924) verfasste er verschiedene Artikel, die sich mit den Problemen der Schwankungen in der Marktwirtschaft befassten. Die wichtigsten dieser Texte wurden ins Englische übersetzt und zusammen mit späteren Artikeln in einem Sammelband mit dem Titel *Money, Capital and Fluctuations: Early Essays* (1984) zusammengefasst. Hayek verfasste sein erstes Werk: *Monetary Theory and the Trade Cycle* (1928a). Seine Thesen wurden jedoch vor allem in vier Vorlesungen an der London School of Economics entwickelt, zu denen Hayek von Lionel Robbins eingeladen worden war. Diese Vorträge wurden sofort in einem Buch zusammengefasst, das unter dem Titel *Preise und Produktion* (1931) veröffentlicht wurde. Diese Arbeit kann zweifellos als Hayeks zentralste theoretische Äußerung zu diesem Thema betrachtet werden. Als solche löste sie seit ihrer

Vorstellung zahlreiche und manchmal heftige Kontroversen aus, in denen sich unter anderem so wichtige Persönlichkeiten wie Keynes, Sraffa und Hicks hervorgetan haben. Bis heute ist das Buch die wichtigste Referenz in der Literatur über die österreichische Zyklusanalyse.

Preise und Produktion stellt die Frage nach dem Erfolg von Erwartungen (oder anders ausgedrückt: nach der Koordination von Plänen) in den Vordergrund. In dieser Hinsicht konzentriert sich die Studie auf die Analyse der Interaktionsmuster zwischen den Unternehmern-Produzenten auf der einen Seite und den Konsumenten-Sparern auf der anderen Seite. Hayek analysiert die Verfahren zur Anpassung der Pläne der Unternehmer-Produzenten an die der Arbeitnehmer in Bezug auf intertemporale Konsumentscheidungen. Die Koordination erfordert eine gegenseitige Buchführung über die Pläne der Konsumenten und die Strategien der Produzenten, sodass der gesparte Teil des Einkommens der Konsumenten dem von den Unternehmen erzeugten Investitionsvolumen entspricht. Die Krise wird umgekehrt definiert als eine allgemeine Nichtübereinstimmung zwischen einerseits den Entscheidungen der Unternehmer hinsichtlich der Aufteilung der Produktion zwischen Konsum- und Investitionsgütern, und andererseits den Wünschen der Arbeitnehmer hinsichtlich der Aufteilung ihres Einkommens zwischen gegenwärtigem Konsum und Ersparnissen.

Die Theorie inszeniert eine Trilogie zwischen Zinssätzen, relativen Preisen und Kapital, das als strukturelles und heterogenes Ganzes wahrgenommen wird. Das Geld spielt dabei eine zentrale und kontinuierliche Rolle. Die Kreditvergabe leitet den Zyklus mit der Expansionsphase ein und schließt ihn mit der Depression ab. Die Geldschöpfung entkoppelt das Technische vom Subjektiven: Sie macht die Organisation der Produktionsstruktur inkohärent gegenüber den intertemporalen Präferenzen der Agenten hinsichtlich der Ressourcenorientierung. Eine abrupte Anpassung über die Quantität erfolgt, wenn die Verbreitung von Krediten in Form von Zusatzeinkommen die Geldillusion auflöst und den Verbrauchern die Fähigkeit verleiht, ihren Standpunkt in Bezug auf die Produktionsentscheidungen erneut durchzusetzen. Der unvermeidliche Übergang vom Boom zum Bust beruht jedoch auf einem besonderen Verständnis des Verhältnisses zwischen Realität und Geld und erfordert die Einhaltung einer strikten Zeitlinie.

Hayek geht es nicht darum, eine Beziehung zwischen dem allgemeinen Preisniveau und einem aggregierten Produktionsniveau zu bestimmen. Er untersucht die Auswirkungen der Geldmengenausweitung auf die Verteilung der Ressourcen zwischen dem Investitionsgüter- und dem Konsumgütersektor. Das Geld dringt an bestimmten Punkten sequentiell in das reale System ein und wirkt über den Zinssatz auf die Produktionsstruktur. Diese Beziehung zwischen Kapital und Zins ist übrigens eine der Besonderheiten des österreichischen Ansatzes. Die Senkung des

Geldmarktzinses unter den natürlichen Zinssatz (oder den Gleichgewichtszins, der die intertemporalen Präferenzen der Arbeitnehmer-Konsumenten widerspiegelt) leitet den Zyklus ein. Aufgrund der hohen Zinssensitivität der am weitesten oben in der Produktionsstruktur angesiedelten Sektoren, die relativ stärker kapitalisiert sind, werden die Investitionen in diesen Sektoren künstlich stimuliert (*„Malinvestment"*).

Die österreichische Konjunkturtheorie erzählt eine Geschichte von aneinandergereihten Verzerrungen: Verzerrungen zwischen dem Gleichgewichtszins und dem Geldmarktzins, Verzerrungen bei den Investitionen innerhalb der Produktionsstruktur, Verzerrungen bei den relativen Preisen zwischen Investitions- und Konsumgütern, Verzerrungen zwischen dem monetären Kreditangebot und dem realen Kreditangebot. Aber in der Entwicklung des österreichischen Zyklus findet die Chronologie eine große Bedeutung. Die Dialektik von Geld und Kapital, die durch das Spiel der relativen Preise gesteuert wird, organisiert sich um einen besonderen Zeitpfeil herum, der durch die Begriffe Sequenz, Verschiebung und vor allem Starrheit gekennzeichnet ist. Die Kreditexpansion erzeugt einen Zeitfehler, nicht nur, weil sie falsche Informationen liefert (Geldillusion), sondern auch, weil sie besondere Formen der Rigidität nährt: Zinsrigidität, da in der Boomphase die weitere Geldmengenausweitung verhindert, dass der Geldmarktsatz den Gleichgewichtszins erreicht; Preisrigidität, denn wenn Fehler gemacht werden und es lange dauert, bis sie korrigiert werden, liegt das daran, dass sich die Preise nicht sofort an subjektive Daten anpassen und daher ihre informative und prädiktive Funktion nicht erfüllen; Rigidität der intertemporalen Präferenzen der Akteure, die als gegeben und konstant zwischen dem Beginn und dem Ende des Zyklus betrachtet werden. Wenn die Agenten im Laufe der Zeit ihre intertemporalen Konsumentscheidungen ändern würden, würde die zweite Phase des Zyklus, die Krise, nicht ausgelöst. Keynes' *General Theory* (1936) ist natürlich nicht der Untersuchung oder Erklärung des Konjunkturzyklus gewidmet. Sie enthält jedoch ein Kapitel 22 –, das eine genaue Vorstellung von der Problematik vermittelt, die der Autor entwickelt hat. Die Analyse mobilisiert den gesamten keynesianischen Begriffsapparat: Konsumneigung, Multiplikator, Prinzip der effektiven Nachfrage, Liquiditätspräferenz und vor allem die marginale Kapitaleffizienz. Letztere ist nämlich für Keynes (1936, S. 311–313) der wichtigste Erklärungsfaktor für zyklische Schwankungen. In diesem Zusammenhang sei daran erinnert, dass für eine bestimmte Art von Kapitalgut die marginale Effizienz definiert ist als *„der Diskontsatz, der den Gegenwartswert der Reihe von Annuitäten, die durch die erwarteten Renditen dieses Kapitalguts während seiner Lebensdauer erzielt werden, gerade gleich seinem Angebotspreis macht"* (Keynes, 1936, S. 135–149). Der Angebotspreis eines Kapitalguts ist das, was man auch als seine *„Wiederbeschaffungskosten"* bezeichnen könnte, d. h. der Preis, der gerade ausreicht, um einen Hersteller dazu zu bewegen, eine zusätzliche Einheit dieses Gutes zu produzieren. Dieser Preis wird also in der aktuellen Periode bestimmt. Anders verhält es sich mit den erwarteten Renditen, deren Berechnung per definitionem die Betrachtung der nahen und fernen Zukunft voraussetzt. Die Neuinvestition ergibt sich aus einem Vergleich zwischen der globalen Grenzeffizienz und dem aktuellen Zinssatz; sie wird nur getätigt, wenn die erste höher ist als die zweite.

Noch ein Hinweis auf das *„Subjekt",* das die erwarteten Renditen der verschiedenen Kapitalarten berechnet. Nun, das ist kein Thema, denn für den Autor der *Allgemeinen Theorie* sind es die Wertpapierbörsen, die den Wert der meisten getätigten Investitionen täglich bewerten (und neu bewerten). In den Worten von Keynes (1936, S. 151–164): *„Bestimmte Klassen von Investitionen werden durch die durchschnittliche Erwartung regiert, die sich in den Aktienkursen offenbart und von denjenigen gebildet wird, die an der Börse (Stock Exchange) operieren, weit mehr als durch die authentischen Erwartungen professioneller Unternehmer.*" Hinzu kommt, dass die fragliche durchschnittliche Erwartung auf einer reinen Konvention beruht, deren Wesen darin besteht, anzunehmen, dass der gegenwärtige Geschäftszustand auf unbestimmte Zeit fortbestehen wird, es sei denn, es gibt begründete Gründe, seine Veränderung zu antizipieren. Eine solche konventionelle Bewertungsgrundlage ist, wie Keynes es formulierte, „das Ergebnis der Massenpsychologie einer großen Zahl unwissender Individuen". Dann aber besteht die Hauptaufgabe der Fachleute und Spekulanten, die auch auf den Finanzmärkten agieren, darin, Änderungen der konventionellen Bewertungsgrundlage kurz vor der breiten Öffentlichkeit vorherzusehen. Dies führt dazu, dass die Märkte holprig funktionieren und eine hohe Volatilität aufweisen, da sie unvernünftigen Wellen von Optimismus und Pessimismus ausgesetzt sind.

Nach diesen Erläuterungen wollen wir nun sehen, wie Keynes die zyklischen Bewegungen der Wirtschaft erklärt. Dazu versetzen wir uns in die letzten Stadien des Konjunkturaufschwungs. Wie wir wissen, steigt der Zinssatz, da die Nachfrage nach Geld steigt, um sowohl kommerzielle als auch spekulative Bedürfnisse zu befriedigen. Aber das ist nicht das Wichtigste: Was das Ende des Booms vor allem kennzeichnet, ist die Tatsache, dass die Erwartungen der Marktteilnehmer und ihre Schätzungen der Aktienrenditen so optimistisch sind, dass sie den für diese Phase des Zyklus typischen Anstieg der Produktionskosten und des Zinssatzes vergessen lassen. Die Krise fällt dann mit einem plötzlichen Zusammenbruch der Grenzeffizienz des Kapitals zusammen. Dass dieser Umschwung groß und abrupt sein muss, ist leicht zu erklären, da die Finanzmärkte, wie Keynes (1936, S. 313–316) sagt, unter dem doppelten Einfluss *„von Käufern, die weitgehend* *unwissend darüber sind, was sie kaufen, und von Spekulanten, die mehr mit der Erwartung einer baldigen Änderung der Marktmeinung als mit einer vernünftigen Schätzung der künftigen Erträge von Vermögenswerten beschäftigt sind"*, stehen. Die Unsicherheit über die Zukunft und der Rückgang der marginalen Kapitaleffizienz führen zu einer erhöhten Liquiditätspräferenz und damit zu einem weiteren Anstieg des Zinssatzes, der wiederum den Zustand des Vertrauens weiter verschlechtern wird. Der Rückgang der Geldmiete mag später in der Rezession eine Voraussetzung für die wirtschaftliche Erholung sein, aber nach dem Ausbruch der Krise wird der Rückgang der marginalen Effizienz fortgesetzt und aufrechterhalten.

Es wird also einige Zeit dauern (drei bis fünf Jahre, so Keynes), bis das Vertrauen wieder hergestellt ist und sich die marginale Effizienz erholt, und in dieser Zeit können sich Zinssenkungen im Extremfall sogar als unwirksam erweisen, um die anämische marginale Effizienz wieder zu beleben. Die Erholung wird also Zeit brauchen, zumal der Zusammenbruch der marginalen Effizienz die Konsumneigung durch den Rückgang der Aktienkurse und den damit einhergehenden Rückgang des Einkommens der Börsenhändler negativ beeinflusst. Die gesamte Gesamtnachfrage ist abwärts gerichtet…

Letztendlich wird die Rezession tatsächlich überwunden, wenn sich die Kurve der marginalen Kapitaleffizienz wieder erholt. Dies ist das objektive, reale Element, das damit zusammenhängt, dass das Kapital wieder ausreichend knapp geworden ist. Dann beginnt ein neuer Zyklus…

Die Schlussfolgerung der gesamten Analyse überlassen wir Keynes (1936, S. 317–320): „Unter den Bedingungen des Laissez-faire kann sich die Beseitigung der breiten Beschäftigungsschwankungen folglich als unmöglich erweisen, ohne eine Veränderung in der Psychologie der Investitionsmärkte, die so enorm ist, dass es keinen Grund gibt, sie zu erwarten. Ich komme zu dem Schluss, dass die Regulierung des laufenden Investitionsvolumens nicht gefahrlos in privaten Händen belassen werden kann."

5.3 Die Glorreichen Dreißiger

Keynes' Analyse des Konjunkturzyklus stand im Einklang mit der Politik der großen Bauvorhaben in den 1930er Jahren, dem New Deal usw. – alles Versuche, die Große Depression durch die Ankurbelung der effektiven Gesamtnachfrage zu überwinden. Die hayeksche Theorie der Wirtschaftsfluktuationen war dagegen weitaus weniger geeignet. Signifikant für diesen Unterschied ist die Einschätzung von Lawrence R. Klein (1949, S. 52) – dem späteren Nobelpreisträger –, der schrieb, dass „Hayeks Beschreibung des Wirtschaftsprozesses nicht gut zu den Tatsachen passt". Daher ist es nicht verwunderlich, dass sich die Ökonomen, die über den Zyklus nachdachten, der keynesianischen Theorie zuwandten und Hayeks Analysen im Vergleich dazu lange Zeit im Dunkeln blieben. Darüber hinaus sollte der von dem Cambridge-Ökonomen geschmiedete konzeptionelle Apparat gleich nach dem Erscheinen der *General Theory* von mehreren, oft sehr jungen Autoren aufgegriffen und weiterentwickelt werden, um den Zyklus neu zu denken. Der erste von ihnen war R. F. Harrod, der 1936 seinen *Trade Cycle* veröffentlichte. Ihm folgten Samuelson (1939), Hansen (1941) und schließlich Hicks (1950).

Harrod (1936, S. 102) sieht die Erklärung des Zyklus in den Wechselwirkungen zwischen dem Multiplikator und der *„Relation"* – die Großbuchstaben stammen vom Autor selbst. Mit „Relation" meint er nichts anderes als das Beschleunigungsprinzip, d. h. den Einfluss von Konsum- (oder Einkommens-) Veränderungen auf die Investition. Dieses Prinzip ist an sich nicht sehr neu, da seine Ursprünge auf Aftalion (1913) oder sogar auf Marx zurückgeführt werden können. Es wurde in der Zeit nach dem Ersten Weltkrieg viel diskutiert: J. M. Clark, A. Spiethoff, S. Kuznets, A. C. Pigou, W. C. Mitchell und D. H. Robertson sind nur einige der Namen, die einem in den Sinn kommen. Neu bei dem Autor des *Trade Cycle* ist zum einen eine wahrhaft dynamische Auffassung von Beschleunigungseffekten und zum anderen die Untersuchung der Zusammenhänge zwischen Multiplikator und Beschleuniger: Harrod (1936, S. 70) behauptet sogar, dass er durch diese Untersuchung „das Geheimnis des Zyklus enthüllt hat". Harrod hat zwar den Beschleunigungseffekt dynamisiert, aber wie Keynes konzipierte er den Multiplikator weiterhin als eine augenblickliche, also statische Beziehung zwischen Investitionen und Einkommen.

Alvin Hansens 1941 veröffentlichtes Werk ist wichtig, nicht so sehr in theoretischer Hinsicht – es fügt der von Harrod durchgeführten Analyse nicht viel hinzu –, sondern in wirtschaftspolitischer Hinsicht: Es ist ein wahres Manifest für eine keynesianisch geprägte Vollbeschäftigungspolitik. So ist es nicht verwunderlich, dass Hansen (1941, S. 292) sich beispielsweise das Ziel setzt, *„die zyklische Bewegung durch ein System anpassungsfähiger Steuersätze zu minimieren"*. Generell bevorzugt er die Fiskalpolitik als Mittel, um die Beschäftigungseffekte von Schwankungen bei den privaten Investitionen auszugleichen, aber auch als Mittel, um die Wirtschaft anzukurbeln: das sogenannte *„Pump-Priming"*.

Samuelson (1939) knüpft, auch wenn er es nicht zugibt, an die harrodsche Analyse an. Sein eigener Beitrag ist zweifach: Zum einen bezieht er die Regierungsausgaben ausdrücklich als Komponente der Gesamtnachfrage mit ein; zum anderen entwickelt er ein echtes dynamisches Modell des Konjunkturzyklus, das in drei Gleichungen aufgeht:

$$\begin{cases} Y_t = C_t + I_t + G_t \\ C_t = \alpha Y_{t-1} \\ I_t = \beta(C_t - C_{t-1}). \end{cases} \tag{5.1}$$

Die Notationen sind hinreichend selbsterklärend; daher beschränken wir uns darauf, dass I_t allein für private Investitionen steht, α für die marginale Konsumneigung und β für den Beschleunigungskoeffizienten.

Wenn man annimmt, dass die Regierungsausgaben G_t exogen zum Modell sind, ergibt sich die Rekursionsgleichung zweiter Ordnung:

$$Y_t = G_0 + \alpha(1+\beta)Y_{t-1} - \alpha\beta Y_{t-2}. \tag{5.2}$$

Die Lösung von (Gl. 5.2) – die einfach bleibt, weil ihre Koeffizienten konstant sind und nur zwei Verschiebungen berücksichtigt werden – hängt von den Wurzeln der charakteristischen Gleichung $x^2 + \alpha(1+\beta)x + \alpha\beta = 0$, ab, die ihrerseits Funktionen der Parameter sind α et β. Man kann also zeigen, dass die Gesamtheit der möglichen Werte von α et β in vier Regionen unterteilt ist, die jeweils durch einen unterschiedlichen zeitlichen Verlauf des Nationaleinkommens gekennzeichnet sind: Im Wesentlichen liegt eine zyklische (gedämpfte, regelmäßige oder explosive) Bewegung vor, wenn die Wurzeln der charakteristischen Gleichung konjugierte Komplexe sind, d. h. wenn $\alpha < (4\beta/(1+\beta)^2)$. Mit anderen Worten, das Nationaleinkommen oszilliert zeitlich, wenn die marginale Neigung niedrig und der Beschleunigungskoeffizient hoch ist, oder umgekehrt.

Das Samuelson-Modell erlaubt es also, unter den in Erinnerung gerufenen Bedingungen Fluktuationen zu erzeugen, die sich jedoch in mindestens drei Punkten von den tatsächlichen Zyklen unterscheiden:

1. Die Oszillationen des Modells sind nur in einem extrem speziellen Fall regelmäßig, nämlich in dem, in dem die marginale Konsumneigung gleich dem Kehrwert des Beschleunigungskoeffizienten ist.
2. Diese Oszillationen sind im Gegensatz zu den beobachteten Zyklen vollkommen symmetrisch.
3. Ihre Amplitude hängt von den Anfangsbedingungen des Modells ab, während die Amplitude der „echten" Zyklen variabel ist und zumindest erklärungsbedürftig ist.

Hicks griff 1950 das Problem des Oszillators wieder auf und verlieh ihm seine eigene Note, sodass man bald vom *„Samuelson-Hicks-Modell"* sprach. Abgesehen davon hat der Oxford-Ökonom – Hicks (1950, S. 83) – die Analyse von Samuelson in drei wichtigen Punkten verändert:

1. Er ersetzt den Rahmen einer stationären Wirtschaft durch den einer *„progressiven"* Wirtschaft, und damit durch Wachstum mit konstanten Raten im stationären Gleichgewicht.
2. Er führt eine zyklische Obergrenze *(ceiling)* in dem Sinne ein, dass in jeder Periode das Nationaleinkommen ein bestimmtes Niveau nicht überschreiten darf, das durch die Vollbeschäftigung der Produktionsfaktoren bestimmt wird.
3. Die Existenz eines solchen Floors ist plausibel, weil die Desinvestition infolge dieses Rückgangs zu jedem Zeitpunkt durch den zeitlichen Rhythmus der Verschrottung von Anlagen begrenzt wird.

Insgesamt zeichnet Hicks ein Bild der wirtschaftlichen Dynamik, bei dem die Volkswirtschaften zyklisch wachsen, wobei die Schwankungen durch die Obergrenze der Vollbeschäftigung und die Untergrenze der allmählichen Stilllegung von Produktionsgütern begrenzt werden. Als solches ist sein Modell viel besser mit der Realität koordiniert als das Modell des einfachen Multiplikator-Beschleunigers.

Die Ansätze von Samuelson und Hicks beruhen formal auf linearen Gleichungssystemen. Es ist jedoch möglich, unter Beibehaltung desselben konzeptionellen Rahmens Nichtlinearitäten in die Analyse einzubringen. Einer der ersten, der diesen Weg erforschte, war Nicholas Kaldor. Konkret geht dieser davon aus, dass die Werte der marginalen Konsumneigung und des Akzelerators nicht mehr konstant sind, sondern sich mit der Höhe der Produktion verändern. Dann kann er einen Zyklus endogen erzeugen – Kaldor (1940, speziell S. 89–92) –, sodass die Amplitude der Schwankungen nicht mehr von den Anfangsbedingungen oder zufälligen Schocks abhängt.

Die von Kaldor verwendete Methode ist im Wesentlichen grafisch. Anders bei zwei anderen *„keynesianischen"* Ökonomen, die – jeder für sich – ein echtes mathematisches Modell aufbauten: Kalecki und Goodwin.

Der erste ist der Autor mehrerer Artikel und Bücher – Kalecki (1935a, b, 1943a, 1954) –, in denen ein Modell entwickelt wird, dessen Kern bemerkenswert konstant ist, auch wenn seine Interpretationen variiert haben mögen. Daher beschränken wir uns auf eine einzige Version, nämlich die von 1935. Die Annahme, dass die Ersparnisse der Arbeitnehmer null sind, wird nicht übernommen, ebenso wenig wie die Unterscheidung zwischen Kapitalisten und Arbeitnehmern.

Kalecki argumentiert im Rahmen einer geschlossenen Volkswirtschaft, für die sich das Einkommen oder Produkt in Konsum C, Investitionen *(Nettoausgaben)* I und autonome Ausgaben A aufteilt.

Da A konstant ist und $C = cY$, das Einkommen über den Instant-Multiplikator bestimmt wird durch:

$$Y(t) = (I(t) + A)/(1 - c). \tag{5.3}$$

Die Bestellungen von Investitionsgütern zum Zeitpunkt *t,* nennen wir sie B, schlagen sich in entsprechenden Lieferungen und schließlich (Netto-)Ausgaben nieder $I(t)$ mit einer zeitlichen Verzögerung θ. Im *Durchschnitt* gilt:

$$I(t) = \frac{1}{\theta} \int_{t-\theta}^{t} B(t)\, dt. \tag{5.4}$$

Wenn der Kapitalstock mit $K(t)$, bezeichnet wird, dann stellt seine Ableitung nach der Zeit $K'(t)$ die Lieferrate neuer Kapitalgüter dar, sodass

$$\frac{d}{dt} K(t) = B(t - \theta). \tag{5.5}$$

Schließlich wird angenommen, dass $B(t)$ positiv mit der Ersparnis und negativ mit dem vorhandenen Kapitalstock verknüpft ist:

$$B(t) = a(1 - c)Y(t) - kK(t), \quad a, k > 0. \tag{5.6}$$

Die Gl. 5.3, 5.4, 5.5 und 5.6 bilden ein System von vier Gleichungen mit vier Unbekannten: $Y(t)$, $I(t)$, $K(t)$ und $B(t)$. Nach verschiedenen Substitutionen gelangt man zu der gemischten Differential- und Rekursionsgleichung

$$\frac{dK(t)}{dt} = \frac{a}{\theta} K(t) - \left(k + \frac{a}{\theta}\right) K(t - \theta). \tag{5.7}$$

Die vollständige mathematische Behandlung einer Gleichung wie (Gl. 5.7) wurde von Frisch und Holme (1935) gegeben. Sie führt zu folgender Schlussfolgerung: Das Modell lässt als einzige Lösung eine Sinusfunktion zu, deren Periode um ein Vielfaches größer ist als die Länge der Verschiebung θ; die Schwingungen können je nach den Werten der Koeffizienten eine konstante Amplitude haben oder gedämpft sein *a et k*.

Goodwin (1951) hat ein Modell entwickelt, das einen dynamischen Multiplikator mit einem nichtlinearen, dynamischen Beschleuniger kombiniert. Ähnlich wie bei Kalecki gibt es eine Verzögerung von θ Zeiteinheiten zwischen dem Zeitpunkt der Bestellung eines Kapitalgutes und der Realisierung der Investition, d. h. $I(t) = B(t - \theta)$. Der Akzelerator wird dann als eine Beziehung zwischen der Summe der Bestellungen $B(t)$ und der Änderungsrate des Gesamtprodukts definiert $dY(t)/dt$:

$$B(t) = \varphi(dY(t)/dt), \tag{5.8}$$

wobei $\varphi(.)$ eine nichtlineare Formfunktion ist. Der Beschleuniger wird jedoch durch die obere und untere Grenze eingeschränkt, die mit L und M bezeichnet werden.

Am Ende kommt man wieder zu einer gemischten Rekursions- und Differentialgleichung. Die Lösung des entsprechenden Modells besteht aus einem Grenzzyklus, der nicht sinusförmig ist und von den Werten von L und M abhängt.

Die oben beschriebenen Modelle sind zwar sehr vielfältig, sie haben jedoch ein gemeinsames Rückgrat, das aus dem keynesianischen Korpus besteht – wobei es keine Rolle spielt, ob er richtig oder falsch verstanden wird. Auf ihre Weise bezeugten sie, dass die Konjunkturtheorie nun keynesianisch war.

Dieser Keynesianismus sollte schließlich auch das gesamte Feld der Makroökonometrie durchdringen. Oben wurde bereits erwähnt, dass der Autor der *General Theory* die Pionierarbeit von Tinbergen sehr kritisch betrachtete. In den 1940er Jahren jedoch sollte Haavelmo (1944) die Ökonometrie in eine neue Richtung lenken, indem er eine „probabilistische Revolution" auslöste. Der Begriff Revolution wird z. B. von Morgan (1990) verwendet, weil sein Ansatz einen Rahmen, eine theoretische Struktur (probabilistisch und statistisch) lieferte, mit der konkurrierende Wirtschaftstheorien getestet werden konnten. Interessant ist, dass Haavelmo (1943) Tinbergen gegen Keynes verteidigte! Haavelmos Programm sollte übrigens in den Arbeiten der Cowles Commission konkretisiert werden, insbesondere in den Monographien von Koopmans (1950) und Hood und Koopmans (1953).

Als Lawrence R. Klein die Arbeit von Tinbergen (1939) für die USA fortsetzte, tat er dies unter ganz anderen Bedingungen, die sowohl von der Hegemonie der keynesianischen Makroökonomie als auch von der *„probabilistischen Revolution"* geprägt waren. Seine *Economic Fluctuations in the United States* – Klein (1950) – entwickelten das erste keynesianische makroökonometrische

Modell. Es folgten viele weitere Modelle, insbesondere das von Klein-Goldberger (1955) und dann sehr große Modelle wie Brookings etc.

Diese Art von Modell war jedoch nicht in der Lage, endogen ein oszillierendes Verhalten der Wirtschaft zu erzeugen. Wie Adelman und Adelman (1959) anhand des Gleichungssystems von Klein-Goldberger zeigten, konnten nur durch die Einführung von Zufallsschocks Zyklen erzeugt werden, die in ihren Eigenschaften mit denen der US-Wirtschaft vergleichbar waren.

Die Anwendung der keynesianischen Politik zur Stützung der Wirtschaftstätigkeit musste sich als sehr wirksam erweisen, da es in der Periode der dreißig Glorreichen keine auch nur annähernd nennenswerte allgemeine Rezession gab. Die Vollbeschäftigung schien zu einem Dauerzustand der Wirtschaft geworden zu sein. Darüber hinaus waren, wie Hicks (1981, S. 344) feststellte, die wenigen Rezessionen, die bestimmte Länder betrafen, meist das Ergebnis *„politischen Drucks"*. Diese *post festum* getroffenen Feststellungen wurden bereits von Kalecki (1943b) antizipiert, der von einem *„politischen Geschäftszyklus"* sprach, der an die Stelle des traditionellen Zyklus tritt. Hier ist der Kern seiner Argumentation: Es ist für den Staat technisch möglich, die Wirtschaft zur Vollbeschäftigung zu führen und sie dort zu halten. Aber gerade die Industriekapitäne widersetzen sich einer solchen Aufrechterhaltung, weil *„ihr Klasseninstinkt ihnen sagt, dass dauerhafte Vollbeschäftigung ungesund ist"*. Und Kalecki zeichnet den typischen politischen Zyklus: In Rezessionen bauen die Regierungen unter dem Druck der Arbeiterschaft kreditfinanzierte öffentliche Investitionen aus, um Massenarbeitslosigkeit zu verhindern. Daraufhin folgt ein Wirtschaftsaufschwung, der zu Vollbeschäftigung führt. Wenn die Regierungen dieselben *„keynesianischen"* Techniken anwenden, um ein hohes Beschäftigungsniveau aufrechtzuerhalten, dann werden der Druck und die Opposition der Wirtschaftskreise so groß, dass sie diese Regierungen dazu bringen, zur haushaltspolitischen Orthodoxie zurückzukehren. Das Ergebnis: Die Rezession ist wieder da – was wiederum weitere staatliche Interventionen erfordert usw.

Aus theoretischer Sicht wurden die *Trente Glorieuses* von der sogenannten *„neoklassischen Synthese"* beherrscht, d. h. der Kombination der keynesianischen Makroökonomie mit der mikroökonomischen Analyse des Marginalismus. Joan Robinson hatte zweifellos Recht, diese Strömung *„Neo-Neoklassik"* zu nennen, da die Marginalisten im Vergleich zur ricardianischen Schule und denjenigen, die sie fortgesetzt haben, selbst Neoklassiker sind. Aber es ist natürlich nicht möglich, eine derart abgehobene Formulierung zu übernehmen.

Zwei Ökonomen waren die Architekten dieser Synthese: auf der einen Seite Hicks mit *„Mr. Keynes and the Classics"* (1937) und *Value and Capital* (1939); auf der anderen Seite Samuelson (1948) mit seinen *Foundations of Economic*

Analysis. Zu ihren Namen muss man noch Patinkin (1956) hinzufügen, der jedoch eine geringere Rolle spielt. Samuelson und Solow (1960) schlossen das *„keynesianische"* makroökonomische Modell mit einer Phillips-Kurve ab.

Die neoklassische Synthese wird jedoch seit der Wende zu den 1970er-Jahren stark infrage gestellt. Die Gründe dafür waren die steigende Inflation, die Rückkehr von Rezessionen und Finanzkrisen, die Stagflation – ein Hybrid aus steigender Arbeitslosigkeit und steigender Inflation –, die Auflösung des Bretton-Woods-Systems und vieles mehr. All diese Faktoren lösten eine Welle der Ablehnung der keynesianischen Makroökonomie aus und führten zur Blüte neuer Erklärungen für den Konjunkturzyklus.

Die monetaristische Schule wandte sich somit gegen den keynesianischen Interventionismus. Das Geld nimmt von nun an einen dominierenden Platz in der Analyse der Wirtschaftsschwankungen ein. Friedman (1968) hebt ein Erklärungsprinzip für den Zyklus hervor, das unter der Annahme eines permanenten Einkommens mit dem eines jeden Aktiven identisch ist; die Besonderheit des Geldes besteht darin, dass es ein exogenes Angebot aufweist. Bei einem Anstieg der Geldmenge passen die Akteure, die ihren Nutzen maximieren wollen, ihr Portfolio zwischen verschiedenen Vermögenswerten an und folgen damit den Prinzipien der Theorie des permanenten Einkommens. Da die Geldschöpfung das Vermögen der Akteure aus dem Gleichgewicht gebracht hat, hat das Geld reale Auswirkungen auf die Wirtschaft, weil die Akteure eine optimale Vermögensstruktur wiederherstellen wollen. Die Analyse des Konjunkturzyklus beruht somit vollständig auf der Entkopplung zwischen dem permanenten und dem beobachteten Einkommen. Diese monetaristische Strömung stellt daher den langfristigen Trade-off zwischen Inflation und Arbeitslosigkeit infrage – es sei denn, die Wachstumsrate der Inflation wird kontinuierlich erhöht. Nur kurzfristig sind die Akteure für die Geldillusion empfänglich. Auf lange Sicht führt eine geldpolitische Stimulierung letztlich nur zu einer Verschiebung der Phillips-Kurve. Diese verläuft vertikal und definiert die natürliche Arbeitslosenquote. Dadurch wird es mit einer solchen Kurve unmöglich, zwischen Arbeitslosigkeit und Inflation abzuwägen.

Diese Idee von Friedman wird von der Schule der rationalen Erwartungen (*„Equilibrium Business Cycles"*) aufgegriffen und vertieft. Lucas, Sargent und Wallace lieferten die theoretischen Grundlagen für die Kritik an der Phillips-Kurve. Lucas (1976) war es, der den schärfsten Angriff auf alle gängigen makroökonomischen Modelle führte. Lucas prangert das Fehlen mikroökonomischer Grundlagen in den keynesianisch inspirierten Modellen an. Wirtschaftliche Variablen sind das Ergebnis individueller Entscheidungen, die durch Erwartungen über den zukünftigen Zustand der Wirtschaft bedingt sind. Dabei muss unbedingt berücksichtigt werden, wie die Individuen diese Erwartungen bilden, da sonst jede wirtschaftspolitische Gestaltung unmöglich wird.

Bereits 1973 formulierte Lucas ein Modell mit unvollständiger Information und rationalen Erwartungen. Das walrasianische Paradigma wird aufgegeben, die Akteure haben nun eine unvollkommene Vorstellung von den Preisen. Der Ausgangspunkt der Analyse liegt in einer großen Volkswirtschaft mit dezentralisierten Märkten. Dabei nehmen die Agenten an einem Mikromarkt teil und haben nur sehr unvollkommene Informationen über andere Märkte und das Preissystem. Ihre Wahrnehmung von Zufallsschocks kann daher zu Fehlinterpretationen der Preissignale führen und sie zu Handlungen veranlassen, die das gesamte Wirtschaftssystem stören.

Die Angebotskurve von Lucas definiert das Produkt als eine abnehmende Funktion der Preisüberraschung, d. h. des nicht erwarteten Anstiegs des allgemeinen Preisniveaus; dies ist auch eine Kritik von Lucas an der Phillips-Kurve. Daraus folgt, dass eine nicht erwartete Inflation dazu führen kann, dass der Einzelne glaubt, dass der relative Preis des von ihm hergestellten Gutes gestiegen ist und eine größere Menge davon anbieten möchte. Dies führt dazu, dass sich ein geldgetriebener Zyklus um einen langfristigen Wachstumspfad bildet, der eine Wirtschaft im Gleichgewicht charakterisiert. Es ist das Geldangebot, das das System schockiert und zu zyklischen Schwankungen führt. Es handelt sich um Gleichgewichtszyklen in dem Sinne, dass die Ausbreitung des Zyklus nur durch das Optimierungsverhalten der mit dem Schock konfrontierten Akteure verursacht werden kann. Es reicht nicht mehr aus, Schocks auf das keynesianische System einzuführen, um Fluktuationen zu beschreiben, sondern die Bewegungen der Wirtschaft müssen aus der Reaktion der Agenten auf diese äußeren Impulse abgeleitet werden. Alles in allem zeigt Lucas' Analyse, wie ein Gleichgewichtsmodell mit dezentralisierten Märkten und unvollkommener Information die Auswirkungen nominaler und realer Schocks auf das Produkt abbilden kann. Was die Nachfrageschocks betrifft, so wirken sie sich auf das Produkt aus, wenn sie nicht antizipiert werden.

Trotz ihrer positiven Aufnahme erwies sich Lucas' Theorie als unfähig, die Persistenz von Konjunkturunterschieden zu erklären (man denke nur an die Kritik von Modigliani). Lucas führte später die Existenz von Kapitalbildungskosten ein, um dieses Phänomen der Persistenz zu erklären. Da dies für die Anhänger der Gleichgewichtszyklustheorie jedoch nicht glaubwürdig genug war, zogen sie dann andere Arten von Schocks heran, um die Persistenz in den beobachteten Schwankungen zu reproduzieren: technologische Schocks.

Die Anhänger dieses neuen Denkansatzes, der als Real Business Cycle (RBC) bezeichnet wird, definieren den Real Business Cycle als das Ergebnis einer optimalen Anpassung der Wirtschaft an das Gleichgewicht. Damit knüpfen sie an eine neoklassische Erklärung für Wirtschaftsschwankungen an. In Anlehnung an Lucas versuchen sie, den Begriff des Zyklus in das walrasianische Paradigma der Formulierung wirtschaftlicher Phänomene in Begriffen des Gleichgewichts zu integrieren. Allerdings nehmen sie die monetaristischen Analysen von Friedman und Lucas nicht mehr ernst, indem sie zu zeigen versuchen, dass der Großteil der Fluktuationen auch ohne die Einführung monetärer Störungen erklärt werden kann. Diese würden sich aus den optimalen Reaktionen der Wirtschaftssubjekte auf Schocks in der globalen Faktorproduktivität ergeben. Da diese Schocks exogen und zufällig sind, wäre die Entwicklung des Zyklus stochastischer (quasizyklischer) Natur. Der Konjunkturzyklus ist hier eine oszillierende Bewegung des natürlichen Outputs selbst und nicht die Abweichung vom Trend, da die Faktoren, die ihn hervorrufen, auch das Wachstum verursachen. Von daher ist die übliche Dichotomie zwischen den Quellen des Wachstums und denen der Schwankungen nicht mehr relevant, da letztere den eigentlichen Veränderungen der natürlichen Wachstumsrate, den Produktivitätsschwankungen, entsprechen.

5.4 Die Pluralität der Theorien

Die Infragestellung der neoklassischen Synthese führte ebenfalls zu einer wahren Blüte nichtorthodoxer Strömungen. Aus Sicht der Konjunkturtheorien verdienen zwei von ihnen eine eingehendere Betrachtung: die Postkeynesianer mit Hyman P. Minsky und die Neo-Österreicher, die die Analysen von Hayek und von Mises fortsetzen.

Minsky ist heute für seine *„Hypothese der finanziellen Instabilität“* des Kapitalismus bekannt, und auch in der Presse wird viel über den *„Minsky-Moment“* gesprochen. Sein erstes Buch *John Maynard Keynes* – Minsky (1975) stellte die Interpretation der *General Theory* durch die Neoklassiker infrage, die Joan Robinson als „Bastard-Keynesianismus“ bezeichnete. Von diesem Zeitpunkt an galt der Autor als eine der wichtigsten Figuren der postkeynesianischen Strömung, die im Wesentlichen durch die Formel der „Rückkehr zu Keynes“ definiert wird.

Minsky interessierte sich schon früh für die Zyklusanalyse. In einem seiner ersten Artikel zu diesem Thema (Minsky, 1957, S. 859) kritisierte er bereits, dass *„die Autoren, die die Multiplikator-Beschleuniger-Modelle aufgestellt haben, den monetären Bedingungen und Effekten der angenommenen Prozesse wenig oder gar keine Aufmerksamkeit geschenkt haben“*. Sein Forschungsprogramm war damit klar: Er wollte zeigen, wie Unternehmer und Banker, die nur auf Profit aus sind, ein ursprünglich robustes Finanzsystem in ein System verwandeln, das immer wieder Finanzkrisen ausgesetzt ist. Dieses Programm wurde schrittweise weiterentwickelt und in *Minsky (1986)* zusammengefasst.

Der Ausgangspunkt der Analyse liegt in der Anerkennung zweier Preissysteme: eines, das für die laufende Produktion von Waren und Dienstleistungen gilt, und eines, das für Finanzanlagen gilt. Diese beiden Preissysteme sind miteinander verbunden, da Investitionsgüter einerseits Teil der Produktion des aktuellen Zeitraums sind und andererseits einen aktuellen Preis haben, der mit ihrem Preis als Kapitalvermögen übereinstimmen muss.

Die Preise der in der laufenden Periode produzierten Güter werden *„à la Kalecki"* bestimmt, indem auf die verschiedenen Kosten – darunter vor allem die Kosten des Faktors Arbeit – ein Aufschlag (Markup) angewendet wird. Die Angebotspreise für verschiedene Arten von Investitionsgütern sind eine Teilmenge dieser aktuellen Preise. Die Preise für Kapitalanlagen werden durch Angebot und Nachfrage auf bestimmten Märkten bestimmt, wobei das Angebot in der aktuellen Periode fixiert ist und die Nachfrage von den erwarteten Cashflows über die Lebensdauer der Anlage abhängt. In der betrachteten Volkswirtschaft gibt es auch eine Reihe von Finanzanlagen (financial assets), die man mit Kapitalanlagen gleichsetzen kann, da sie ebenfalls einen zukünftigen Cashflow generieren. Zur Bestimmung des Preises dieser Vermögenswerte siehe z. B. Minsky (1986, S. 200 ff.).

Die Existenz eines Preises für einen Kapital- oder Finanzaktivposten führt nicht automatisch dazu, dass die entsprechende Investition getätigt wird. Vielmehr muss diese Investition auch finanziert werden! Unter diesem Gesichtspunkt unterscheidet Minsky im Wesentlichen zwei Hauptquellen für die Finanzierung von Unternehmen: interne Mittel, d. h. einbehaltene Gewinne der Unternehmen einerseits, und externe Mittel, die durch Bankkredite oder durch die Ausgabe von Anleihen oder Aktien beschafft werden, andererseits. Die Kreditaufnahme (bei Banken oder in Form von Anleihen) führt zu Zahlungsverpflichtungen und stellt daher ebenso wie die Zahlung von Löhnen oder der Kauf von Vorleistungsgütern Kosten dar, die in den Angebotspreis der verschiedenen Waren einfließen. Daraus folgt – Minsky (1986, S. 207) –, dass „die Investitionsentscheidung eine Investitionsangebotsfunktion erfordert, die von den Lohnkosten und den kurzfristigen Zinssätzen abhängt, sowie eine Investitionsnachfragefunktion, die aus dem Preis der Kapitalanlagen, der erwarteten Struktur und den Finanzierungsbedingungen abgeleitet wird."

Die Positionen der Unternehmen in Bezug auf das Kapitalvermögen werden durch Kombinationen von Aktienanteilen und Schulden finanziert. Minsky unterscheidet in diesem Zusammenhang drei mögliche Regime: die Hedge-Finanzierung, die eigentliche Spekulationsfinanzierung und schließlich die Ponzi-Finanzierung.

In Anlehnung an Minsky (1986, Anhang A, S. 371–379) kann man versuchen, die drei Finanzregime wie folgt zu formalisieren. Bezeichnen wir mit C_i die Rückzahlungen im Zeitraum *i*, die auf die mit einem Kredit eingegangenen Verpflichtungen folgen, mit Q_i die Quasi-Erwartungsrente (den Gewinn) im selben Zeitraum, die sich aus einer bestimmten Investition ergibt, und mit $\sigma^2_{Q_i}$ die entsprechende Varianz. Die Finanzierung der Absicherung einer Position erfordert, dass:

$$C_i < Q_i - \lambda\sigma^2_{Q_i} \text{ für alle } i, \tag{5.9}$$

wobei λ so ist, dass die subjektive Wahrscheinlichkeit, die mit $Q_i < C_i$ verbunden ist, sehr klein ist. Mit anderen Worten, je größer der Unterschied zwischen dem linken und dem rechten Glied von (Gl. 5.9) ist, desto größer ist auch die Sicherheitsmarge des Investors. Daraus folgt, dass eine Einheit, die sich über Hedging finanziert, erwartet, dass ihr Cashflow es ihr ermöglicht, die aufgenommenen Schulden, Kapital und Zinsen, zurückzuzahlen.

Umgekehrt gilt, wenn die Ungleichheit:

$$C_i > Q_i - \lambda\sigma^2_{Q_i} \tag{5.10}$$

hält für jeden Zeitraum nahe *i*, d. h. zumindest für den kurzfristigen Zeitraum, fest, dass die betreffende Einheit über einen unzureichenden Cashflow verfügt, um die Rückzahlung ihrer Schulden zu begleichen. In diesem Fall kann die Einheit zwei Verhaltensweisen an den Tag legen: Entweder deckt ihr Cashflow nur die Zinszahlungen ab, was zu einer spekulativen Finanzierungsweise führt, oder sie ist nicht einmal in der Lage, die Zinsen zu bedienen – sie ist also gezwungen, Kredite aufzunehmen –, was zu einer Finanzierungsweise führt, die von Minsky als „Ponzi" bezeichnet wird.

Je größer das Gewicht der spekulativen und der Ponzi-Finanzierung in einer Volkswirtschaft ist, desto anfälliger ist sie für Finanzkrisen. Generell wechseln sich in kapitalistischen Volkswirtschaften Perioden finanzieller Robustheit und Anfälligkeit ab, je nachdem, welche Kombination der drei Finanzierungsarten vorherrscht. In letzteren kommt es zu *„ernsthaften"* Rezessionen (Minsky, 1986, S. 194).

Minskys Erklärung für die zyklischen Schwankungen lässt sich daher wie folgt zusammenfassen: In Zeiten finanzieller Ruhe – z. B. nach dem Zweiten Weltkrieg bis zum „*Credit Cru*nch" in den USA im Jahr 1966 –, in denen es keine spekulativen Booms gab und die Hedge-Finanzierung vorherrschte, reichten die Steuerung der Gesamtnachfrage und die Intervention der Zentralbanken aus, um zu große Schwankungen der Investitionsnachfrage auszuschließen. Die Robustheit der Finanzstrukturen suggeriert jedoch, dass dieser Zustand anhalten wird, was zu immer mehr Finanzinnovationen und spekulativen Verhaltensweisen führt. Nach und nach werden die Finanzstrukturen schwächer, (Finanz-)Unfälle häufen sich, spekulatives Verhalten und Ponzi-Schemata verbreiten sich und die Verschuldung nimmt zu. Es beginnt eine Zeit der Instabilität, die durch den Spekulationsboom an den Börsen noch verstärkt wird. Es kommt zu einer Börsenkrise, die Banken und Finanzinstitute in den Abgrund reißt. Die Investitionsnachfrage bricht ein, während der Konsum infolge der fallenden Börsenkurse und der Notwendigkeit, Schulden abzubauen, zurückgeht. Die Folge ist eine Rezession, die schließlich in eine tiefe Depression münden kann – wie in den 30er Jahren des vorigen Jahrhunderts.

Hayek erhielt 1974 den Nobelpreis für seine Konjunkturtheorie, die im Wirtschaftsdenken der Nachkriegszeit lange Zeit verpönt und marginalisiert war. Diese Auszeichnung ermutigte eine Reihe von österreichischen Autoren, die Analyse zu erweitern und ihren eigenen Beitrag zu leisten, wie Rothbard (1975) oder Garrison (1986, 1989, 1997, 2001). Die Arbeiten des Letzteren haben viele zeitgenössische Anwendungen der hayekschen Perspektive inspiriert. Diese Entwicklungen haben jedoch nicht dazu geführt, dass bestimmte Unklarheiten, die der österreichischen Analyse des Zyklus eigen sind, beseitigt wurden.

Die Vertreter der Österreichischen Schule zeichnen sich durch ihre Betonung der Unwissenheit, der historischen Zeit und des Subjektivismus der Erwartungshaltung aus. Sie bevorzugen qualitatives Denken und verurteilen die Verwendung des Quantitativismus in der Wirtschaft. Die Legende besagt, dass Hayek aufgrund seiner Abneigung gegen Statistiken, die Knights Veto auslöste, keine Stelle an der Wirtschaftsfakultät in Chicago finden konnte (Hayek äußerte sich dazu lakonisch: „I was proposed first to the faculty of economics, but they turned me down", Hayek, in Kreisge (1994, S. 128)).

Die Zyklustheorie ist einer der wenigen Ausflüge der Österreicher in den makroökonomischen Bereich, und ihre zeitgenössischen Weiterentwicklungen werfen Fragen auf. Denn wie kann man, ohne sich auf quantitative makroökonomische Variablen zu beziehen, die Parameter des Zyklus definieren? Auf welche Weise kann man Kapital identifizieren und messen, seine Substitutions-

oder Komplementaritätsbeziehungen darstellen? Wie kann man die Auswirkungen von geldpolitischen Schocks auf Zinsen, relative Preise und die Länge der Produktionsstufen messen? Und schließlich: Wie kann man die Abweichung des Geldmarktsatzes vom Gleichgewichtszins identifizieren und messen, da der Gleichgewichtszins in der theoretischen Ökonomie nur ein theoretischer Bezugspunkt ist, der nicht objektiv bestimmbar ist? Wie Bismans und Mougeot bemerken: *„Die Verwendung von statistischen, ökonometrischen Instrumenten erfordert dann einige Lockerungen im Vergleich zur reinen österreichischen Theorie“* (Bismans und Mougeot 2008, S. 83). Die jüngsten empirischen Anwendungen der österreichischen Konjunkturtheorie (Keeler 2001; Mulligan 2002, 2006; Cwik 1998; Hugues 1997; etc.) sind für diese Lockerungen, die manchmal einen Spagat darstellen, von Bedeutung. Den Autoren geht es weniger darum, Schwankungen mit österreichischen Instrumenten zu identifizieren, als vielmehr darum, von einem konventionellen Zyklusansatz auszugehen, der auf stilisierten Fakten anderer Theorien beruht, und die Relevanz der hayekschen Erklärung zu untersuchen.

Mehrdeutig ist auch die normative Ebene, die uns auf den Ursprung des Zyklus zurückwirft. Handelt es sich um einen exogenen oder endogenen Ansatz für Schwankungen? Hayek entwickelte nach seinem Nobelpreis Thesen (1976, 1978a), die darauf abzielten, das Geld von politischen Manipulationen zu befreien. In *Preise und Produktion* beschrieb er jedoch die allgemeine Kreditarchitektur als eine pyramidenförmige Struktur, die aus verschiedenen Schichten besteht und deren interne Organisation nur schwer durch direkte Instrumente reguliert werden kann. Selbst wenn die Menge an Fiat-Geld stabil bleibt, kann es vorkommen, dass andere Teile der Struktur eine erhöhte Kreditvergabe fördern, die Mechanismen folgt, die von den Behörden kaum kontrolliert werden können. Die Erhöhung des Geldangebots im weiteren Sinne und die Entwicklung des Zyklus sind daher nicht immer mechanisch mit einem expansiven Willen der Zentralbanken verbunden.

Mehrdeutigkeit besteht schließlich in Bezug auf den Status des Gleichgewichts. Hayek (1928b) hat sehr früh über die Logik intertemporaler Gleichgewichte nachgedacht, sodass Lucas darin eine Vorwegnahme seiner eigenen Arbeit sah. Aber wie kann man das Gleichgewicht aus österreichischer Sicht empirisch identifizieren, da es keine Methode gibt, die sicherstellt, dass alle bekannten Möglichkeiten genutzt werden? Grundsätzlich verhindert für die Neo-Österreicher (vgl. Kirner 1973, 1979, etc.) das Paradigma der Unwissenheit die Annahme, dass alle verfügbaren Möglichkeiten bekannt sind und genutzt werden. Es gibt also immer ein Ungleichgewicht, aber man kann weder dessen Ausmaß noch dessen

Quelle kennen. Gibt es in dieser Hinsicht wirklich eine österreichische Epistemologie des Zyklus? Wie kann man, wenn man das österreichische Paradigma respektiert, das Wachstum oder umgekehrt die Krise erklären? Die Österreicher sind Theoretiker des Ungleichgewichts und haben nie eine präzise und messbare Verbesserung der Qualität der Koordination geliefert – außer in negativer Weise durch das Fehlen von Interventionen.

Die letzte Grauzone betrifft den erklärenden oder vorhersagenden Status der österreichischen Zyklustheorie. Die meisten Studien, die nach Hayeks Nobelpreis entwickelt wurden, sind retrospektiv auf die Ereignisse ausgerichtet. Rothbard (1975) bemühte sich um eine österreichische Neuinterpretation der Krise der 1930er Jahre und der ihr vorausgehenden monetären Phänomene. Unter Verwendung verschiedener Indikatoren und mit Blick auf unterschiedliche Zeiträume und Länder versuchten O'Driscoll und Shenoy (1976), Garrison (2001), Cwik (1998) und Hugues (1997), die Erklärungsfähigkeit der Theorie zu testen. Powell (2002) verfolgt denselben Ansatz, wenn er die österreichischen Instrumente auf die Untersuchung der japanischen Rezession von 1990 anwendet. So werden Theorie und Geschichte gemeinsam mobilisiert, um besondere Momente zu erklären. Sollte man also auf die Prognose verzichten? In *The Pretence of Knowledge*, einem Text, der seiner Nobelpreisrede entsprach, behauptete Hayek selbst: *„Ich möchte es gerne wiederholen, wir müssen Vorhersagen treffen, die falsifiziert werden können und daher von empirischer Bedeutung sind“* (Hayek 1974, S. 33). Aber die Dinge sind nicht so klar. *„Ebenso wenig können wir unsere Theorie wissenschaftlich testen, da es die Abweichungen vom Gleichgewichtspreissystem sind, die es unmöglich machen, einige der Produkte und Dienstleistungen zu dem Preis zu verkaufen, zu dem sie angeboten werden“* (ebd., S. 27).

5.5 Die Wiederbelebung ökonometrischer Studien

Die erste Hälfte der 1970er Jahre erscheint rückblickend als das goldene Zeitalter der makroökonometrischen Modellierung. Doch schon in den ersten Jahren dieses Jahrzehnts machte die Zeitreihenanalyse erhebliche Fortschritte. Insbesondere Box und Jenkins (1970) entwickelten, aufbauend auf früheren Arbeiten von Yule und Wold, eine Prognosemethodik, die auf der Verwendung stochastischer Prozesse vom Typ ARMA beruht. Formal, wenn y_t den beobachteten Wert, in t, der Serie y bezeichnet, dann wird ein ARMA-Modell (p, q) dargestellt durch:

$$y_t - \phi_1 y_{t-1} - \cdots - \phi_p y_{t-p} = \varepsilon_t - \theta_1 \varepsilon_{t-1} - \cdots - \theta_q \varepsilon_{t-q}, \qquad (5.11)$$

wobei (ε_t) eine Folge von zufälligen, unabhängig und identisch verteilten Störungen ist. Das linke Glied von (Gl. 5.11) bildet den autoregressiven Teil des Modells und das rechte Glied seinen beweglichen mittleren Teil). Es ist sofort ersichtlich, was solche im Wesentlichen atheoretischen Modelle von den Systemen simultaner Gleichungen unterscheidet, die für den Ansatz der Cowles Commission charakteristisch sind.

Nelson (1972) konnte mithilfe der Box-Jenkins-Methode für den Schätzzeitraum 1956–1966 zeigen, dass die mit univariaten Modellen der AR(I)MA-Klasse ermittelten Prognosen in den meisten Fällen die Prognosen übertrafen, die das „große" FMP-Modell lieferte (Kurzbezeichnung für das von der Federal Reserve, dem MIT und der University of Pennsylvania erstellte makroökonometrische Modell).

Aus dem Box-Jenkins-Stamm sollte die Zeitreihenökonometrie hervorgehen. Diese führte zu einer neuen Sichtweise auf den Wirtschaftszyklus. Stellvertretend für diesen Trend steht die von der Federal Reserve Bank in Minneapolis gesponserte Konferenz, die 1975 stattfand und deren Protokolle zwei Jahre später veröffentlicht wurden. Christopher Sims (1977, S. 1), der den Tagungsband herausgab, erklärte gleich zu Beginn, dass *„die Methoden, die derzeit für die quantitativsten wirtschaftspolitischen Analysen verwendet werden, grundlegend mangelhaft sind."* Der Autor erklärte, dass es zwei Hauptwege gebe, um die makroökonometrischen Mängel zu überwinden und die Muster des Konjunkturzyklus richtig zu identifizieren: 1. bessere statistische Methoden, um die dynamische Dimension dieser Muster zu berücksichtigen, die von der *„statischen"* Wirtschaftstheorie weitgehend ignoriert wird. 2. der Logik des optimalen Verhaltens unter Unsicherheit viel mehr Aufmerksamkeit schenken und daher nicht *„irgendeine Variable in einer Systemgleichung auf der Grundlage einer a priori Theorie ausschließen, weil alle Variablen im System im Allgemeinen die Erwartungen beeinflussen werden"*.

Sims gehörte offensichtlich zu dieser zweiten Strömung, was ihn dazu veranlasste, die Verwendung von *„vektoriellen Autoregressionen"* (VAR) zu befürworten, die nichts anderes als eine multidimensionale Verallgemeinerung der autoregressiven Modelle sind – siehe Sims (1980a). In der Tat lässt sich ihre (allgemeine) Form auf das System dynamischer Gleichungen:

$$\mathbf{y}_t = \mathbf{A}_1\mathbf{y}_{t-1} + \cdots + \mathbf{A}_p\mathbf{y}_{t-p} + \mathbf{u}_t, \qquad (5.12)$$

wobei $\mathbf{y}_t = (y_{1t}, \cdots, y_{Kt})$, die $\mathbf{A}_i$, $i = 1, \cdots, p$, Matrizen mit dem Koeffizientenformat $K \times K$ sind und $\mathbf{u}_t = (u_{1t}, \cdots, u_{Kt})$ ein Vektor des weißen

Rauschens (man spricht auch von Innovationen) mit dem Mittelwert **0** und der Varianz-Kovarianz-Matrix ¨$_u$

Durch das Wold-Theorem lässt jedes VAR-Modell – stationär, darauf werden wir bald zurückkommen – eine unendliche gleitende Mittelwertdarstellung zu:

$$\mathbf{y}_t = \sum_{j=0}^{+\infty} \Theta_j \, \mathbf{u}_{t-j}. \tag{5.13}$$

Wenn wir also Innovationen als Schocks auf endogene Variablen interpretieren, erfolgt ihre Ausbreitung dynamisch im gesamten System. Die Wirkung eines Schocks $\mathbf{u}_t$ auf den Vektor $\mathbf{y}_{t+s}$, $s > 0$, wird dann durch die Matrix der partiellen Ableitungen des allgemeinen Elements:

$$\theta_{ij,\,t+s} = \frac{\partial y_{i,\,t+s}}{\partial u_{jt}}. \tag{5.14}$$

Die Interpretation von (Gl. 5.14) ist direkt: Der Multiplikator θ_{ij} misst die Reaktion der *i-ten* endogenen Variable auf einen Impuls, auf einen Schock in *j*, der *s* Perioden zuvor aufgetreten ist. Aus diesen Multiplikatoren erhält man die sogenannten Impulsantwortfunktionen. Diese Art von Modell verwendete Sims (1980b), um den amerikanischen (und auch den deutschen) Konjunkturzyklus in der Zwischenkriegszeit und in der Nachkriegszeit zu vergleichen.

Es wird jedoch deutlich, wo das *„Problem"* bei der Modellierung liegt: Ein VAR ist prinzipiell a-theoretisch. Wie Cooley und Le Roy (1985) feststellten, ist das Instrument daher nicht nur ungeeignet, um Theorien (z. B. Konjunkturtheorien) zu testen, sondern auch um die Auswirkungen wirtschaftspolitischer Maßnahmen zu analysieren. Die Konstruktion der Antwortfunktionen und die Schätzung der Parameter des Modells der kleinsten Quadrate beruhen auf der Annahme der Stationarität der betrachteten Zeitreihen.

In dieser Hinsicht wird seit Anfang der 1980er Jahre eine wichtige Debatte in der Welt der Wirtschaftswissenschaftler und Statistiker geführt. Es war schon lange bekannt, dass viele Reihen einen linearen Trend enthielten, und wir haben gesehen, dass Persons (1919) wahrscheinlich der erste Ökonom war, der vorschlug, sie in verschiedene Komponenten, darunter den Zyklus, zu zerlegen. Im Anschluss daran extrahierten viele Praktiker den Trend durch empirische Glättungs- oder Regressionsmethoden (manchmal irreführend, um den Ausdruck von Granger und Newbold (1974) zu verwenden), wobei der Zyklus als Abweichung vom deterministischen Trend gemessen wurde. Der bahnbrechende Artikel von Nelson und Plosser (1982) wird einen solchen Ansatz der Nichtstationarität infrage stellen und eine zweite Klasse von nichtstationären, rein stochastischen Prozessen einführen, die einem *zufälligen Gang* der Form $y_t = y_{t-1} + \varepsilon_t$, gehorchen, wobei ε_t ein weißes Rauschen ist, d. h. ein stationärer Prozess.

Die beiden Prozessklassen können daher wie folgt gegenübergestellt werden:

$$\begin{cases} y_t = \alpha + \beta t + \varepsilon_t \\ y_t = y_{t-1} + \varepsilon_t. \end{cases} \tag{5.15}$$

Um den ersten Prozess in (Gl. 5.15) zu stationarisieren, genügt es offensichtlich, die Gerade $\alpha + \beta t$ von y_t. abzuziehen. Aus diesem Grund haben Nelson und Plosser (1982, S. 141) solche *trend-stationären* Prozesse (abgekürzt TS) genannt. Wenn man den Random Walk hingegen einmal differenziert, erhält man $\Delta y_t = y_t - y_{t-1} = \varepsilon_t$. Da ε_t stationär ist, ist auch Δy_t stationär. Folglich kann ein solcher Prozess durch einfache Differenzierung stationär gemacht werden, wodurch er als DS *(difference stationary)* bezeichnet werden kann. Die Unterscheidung ist wichtig: Ist der Prozess TS, wird der Zyklus durch eine Reihe von *vorübergehenden* und regelmäßigen Fluktuationen um den deterministischen Trend, den Wachstumspfad, dargestellt; ist ein Prozess hingegen DS, ist der zugrunde liegende Trend stochastisch, was bedeutet, dass Schocks einen permanenten Einfluss auf die Reihe haben, die nicht zu ihrem ursprünglichen Pfad zurückkehrt.

Das ganze Problem besteht nun darin, die Nullhypothese eines DS-Prozesses gegen die Alternativhypothese eines TS-Prozesses zu testen. Dies geschieht mithilfe von *Einheitswurzeltests,* die zuerst von Fuller (1976) und Dickey-Fuller (1979, 1981) entwickelt wurden. Nelson und Plosser kommen dann zu dem Schluss, dass von den 14 makroökonomischen Reihen, die sie untersuchen, alle außer einer, der Arbeitslosenquote, eine Einheitswurzel zulassen und dass sie folglich dauerhaft von Schocks betroffen sind, die einen dauerhaften Charakter haben.

Auf der Grundlage dieser Analyse wurden zahlreiche Forschungsarbeiten – Beveridge und Nelson (1981), Campbell und Mankiw (1987), Perron (1988), Harvey (1989) usw. – durchgeführt. – werden neue Methoden zur Extraktion des Konjunkturzyklus entwickeln. Einen Wermutstropfen gibt es jedoch: Die von mehreren Autoren durchgeführten Studien, angefangen bei Perron (1989), gefolgt von Zivot und Andrews (1993), Lumsdaine und Papell (1997), die sich auf das Vorhandensein von *Strukturbrüchen (structural breaks)* in den Reihen von Nelson und Plosser (1982) stützten, sahen sich veranlasst, die von ihnen erzielten

Ergebnisse zu relativieren und zu nuancieren: So zählt Perron (1989) beispielsweise nur noch drei Reihen mit Einheitswurzel, Lumsdaine und Papell (1997) acht, usw. Die von ihnen ermittelten Ergebnisse sind jedoch nicht mit denen von Nelson und Plosser (1982) vergleichbar. Die Debatte zu diesem Thema ist also noch lange nicht abgeschlossen!

6 Datierungsverfahren

Zusammenfassung

Die Untersuchung präsentiert – als originelles Beispiel – eine alternative Chronologie der industriellen Konjunkturzyklen in den USA zwischen 1884 und 1940. Auf der Grundlage des Industrieproduktionsindex von Miron und Romer sowie auf Methoden von Bry-Boschan und Hamilton werden neue Hoch- und Tiefpunkte identifiziert. Die Ergebnisse weichen systematisch von den NBER-Referenzdaten ab, insbesondere bei den Tiefpunkten, die in der neuen Datierung früher liegen. Dadurch ändern sich Aussagen zur Dauer und Häufigkeit von Rezessionen und Expansionsphasen. Insgesamt zeigt die Studie die Relevanz robuster Datierungsverfahren für das Verständnis historischer Konjunkturverläufe.

In diesem Kapitel erweitere ich frühere Ansätze zur Neudatierung der industriellen Konjunkturzyklen in den USA für die Vorkriegszeit (1890–1938), indem ich die von Bry und Boschan (1971) sowie Hamilton (1989) vorgeschlagenen Methoden anwende. Grundlage der Analyse ist der von Miron und Romer (1990) erstellte und von Romer (1994) modifizierte monatliche Index der Industrieproduktion.

Die alternative Chronologie erfasst 90 % der vom NBER und von Romer (1994) identifizierten Hoch- und Tiefpunkte. Allerdings liegen mehr als 50 % dieser Wendepunkte – insbesondere die Tiefpunkte laut NBER – in der neuen Chronologie systematisch früher. Diese Verschiebung beeinflusst den Vergleich der durchschnittlichen Dauer von Rezessionen und Expansionsphasen sowohl in der Zeit vor dem Ersten Weltkrieg als auch in der Zwischenkriegszeit. Während

C. Diebolt, *Konjunkturzyklen*, https://doi.org/10.1007/978-3-658-49906-8_6

die NBER-Referenzdaten einen Anstieg der durchschnittlichen Expansionsdauer zwischen der Vorkriegs- und der Zwischenkriegszeit zeigen, deuten die neuen Daten auf eine Verkürzung dieser Phasen hin. Gleichzeitig bestätigen die neuen Daten die traditionelle Erkenntnis, dass Kontraktionen in der Nachkriegszeit tendenziell länger andauerten als in der Vorkriegszeit.

Ziel dieses Kapitels ist es, eine originelle Illustration im Geiste des klassischen Business-Cycle-Ansatzes zu liefern, wie er in der wegweisenden Studie von Burns und Mitchell (1946) dargelegt wurde: *„Konjunkturzyklen sind eine Art von Schwankungen, die in der aggregierten wirtschaftlichen Aktivität von Nationen auftreten, deren Arbeit sich hauptsächlich in Unternehmensformen organisiert: Ein Zyklus besteht aus Expansionen, die in vielen wirtschaftlichen Aktivitäten etwa zur gleichen Zeit stattfinden, gefolgt von ebenso allgemeinen Rezessionen, Kontraktionen und Wiederbelebungen, die in die Expansionsphase des nächsten Zyklus übergehen. Diese Abfolge von Veränderungen ist wiederkehrend, jedoch nicht periodisch; in ihrer Dauer variieren Konjunkturzyklen zwischen mehr als einem Jahr und zehn oder zwölf Jahren; sie lassen sich nicht in kürzere Zyklen ähnlichen Charakters mit vergleichbarer Amplitude unterteilen.“* (Burns und Mitchell, 1946, S. 3).

Diese Regeln zur Definition von Konjunkturzyklen bilden die Grundlage für die Methodik des National Bureau of Economic Research (NBER), das die offiziellen Referenzdaten der US-Konjunkturzyklen erstellt und damit die Hoch- und Tiefpunkte der gesamtwirtschaftlichen Aktivität seit Mitte des 19. Jahrhunderts ausweist.

Gleichwohl wurden die Genauigkeit und die Konsistenz dieser Referenzdaten wiederholt hinterfragt. So betonen beispielsweise Diebold und Rudebusch (1992): *„Alle Forscher, die Wendepunkte im Konjunkturverlauf des NBER bestimmt haben, haben darauf hingewiesen, dass eine gewisse Unsicherheit hinsichtlich des genauen Zeitpunkts der allgemeinen Wendungen in der wirtschaftlichen Aktivität besteht. Ein Hinweis auf die mit den offiziellen Daten verbundene Unsicherheit ist die Diskrepanz zwischen diesen Daten und einer Reihe alternativer Daten, die sowohl von NBER-Forschern als auch von unabhängigen Beobachtern vorgeschlagen wurden.“* (Diebold & Rudebusch, 1992, S. 996)

Selbst Burns und Mitchell (1946) erkennen an: *„Das bedeutet jedoch nicht, dass die Referenzdaten in ihrem derzeit groben Annäherungszustand verbleiben müssen. Die meisten wurden ursprünglich recht überstürzt festgelegt; Korrekturen beschränkten sich hauptsächlich auf große und offensichtliche Fehler, und seit mehreren Jahren wurden keine Überarbeitungen vorgenommen. Sicherlich ist die Zeit reif für eine gründliche Überprüfung, die umfangreiche neue statistische Materialien sowie das gewonnene Wissen über Konjunkturzyklen und die Methodik der*

Festlegung von Referenzdaten seit der Erstellung der gegenwärtigen Chronologie berücksichtigt.“ (Burns & Mitchell, 1946, S. 95)

Obwohl sich die allgemeinen Datierungsverfahren des NBER nicht geändert haben, haben sowohl die Anzahl als auch die Qualität der untersuchten einzelnen Reihen im Laufe der Zeit erheblich zugenommen, ebenso wie die statistischen Verfahren und das Verständnis wirtschaftlicher Schwankungen. Tatsächlich ging die Zunahme der vom NBER verwendeten einzelnen Reihen mit einer Verbesserung der Qualität der meisten Reihen einher, was eine höhere Zuverlässigkeit der NBER-Daten insbesondere für die Zeit nach dem Zweiten Weltkrieg bedeutet. Dennoch gibt es in der Literatur Hinweise auf Unsicherheiten hinsichtlich einiger NBER-Daten aus der Zeit vor dem Zweiten Weltkrieg aufgrund der unterschiedlichen Qualität der Daten. Genauer gesagt scheinen die Wendepunktdaten vor dem Ersten Weltkrieg fragwürdiger zu sein als diejenigen aus der Zwischenkriegszeit (1918–1940). Romer (1994) zeigt, dass sich die Methoden zur Datierung der frühen Zyklen deutlich von denen der Nachkriegszeit unterscheiden. Der wichtigste Unterschied zwischen den frühen und den modernen Methoden besteht darin, dass die Referenzdaten für den Konjunkturzyklus vor 1927 offenbar in erster Linie aus detrendierten Daten abgeleitet wurden, während die Daten nach 1927 auf Daten basieren, die den säkularen Trend berücksichtigen. Dieser Unterschied kann dazu führen, dass (i) Wachstumszyklen, die nach Mintz (1969) als Abweichung vom langfristigen Trend definiert sind, in der Zeit vor 1927 fälschlicherweise als echte Konjunkturzyklen eingestuft werden, wodurch in der frühen Periode mehr Zyklen identifiziert werden als in der Zeit nach dem Zweiten Weltkrieg; (ii) Konjunkturzyklusdaten falsch identifiziert werden, was sich auf die Dauer der Kontraktionen und Expansionen zwischen zwei Perioden auswirken kann.

In diesem Kapitel schlage ich beispielhaft eine alternative Reihe von monatlichen Hoch- und Tiefpunkten der US-Industriezyklen für die Zeit vor dem Zweiten Weltkrieg (1884–1940) vor. Dabei verwende ich den von Miron und Romer (1990) vorgeschlagenen und von Romer (1994) modifizierten monatlichen Industrieproduktionsindex sowie die von Bry und Boschan (1971) und Hamilton (1989) entwickelten Methoden zur Identifikation von Wendepunkten in Konjunkturzyklen. Romer (1994) verwendete ebenfalls den angepassten Miron-Romer-Index der Industrieproduktion zur Datierung von Konjunkturzyklen. Sie leitete einen alternativen Datierungsalgorithmus ab, der anstelle der Burns-Mitchell-Regeln zur Identifizierung spezifischer Zyklen, die in Form von Dauer und Amplitude ausgedrückt werden, sparsam die Kriterien Dauer und Amplitude berücksichtigt, da diese Regeln komplex und umständlich sind. Dennoch ahmen diese Regeln, wie beispielsweise der von Bry und Boschan (1971) entwickelte Computeralgorithmus, die spezifischen Verfahren des NBER zur Datierung von Konjunkturzyklen nach. Ihre Methodik ermöglicht es, Wendepunkte gemäß der Definition von Burns und Mitchell (1946) auszuwählen, und gilt allgemein als recht erfolgreich bei der Nachbildung der vom NBER gewählten Daten (z. B. Watson, 1991; King & Plosser, 1994; Harding & Pagan, 2003; Stock & Watson, 2010). Dieser Algorithmus besteht aus einer Reihe von Ad-hoc-Filtern und Regeln, die Konjunkturwendepunkte in einer makroökonomischen Zeitreihe bestimmen. Im Wesentlichen isoliert der Algorithmus lokale Minima und Maxima in einer Zeitreihe, wobei sowohl die Länge als auch die Amplitude von Expansionen und Kontraktionen berücksichtigt werden. Markov-Switching-Modelle (MS-Modelle), die durch Hamilton (1989) populär gemacht wurden, finden in der Konjunkturanalyse breite Anwendung, um wirtschaftliche Schwankungen zu reproduzieren (siehe beispielsweise Ferrara, 2003; Clements & Krolzig, 2003; Artis et al., 2004; Chauvet & Hamilton, 2006; Anas et al., 2007; Layton & Smith, 2007 oder Chauvet & Piger, 2008).

Die Popularität der Arbeit von Hamilton beruht hauptsächlich auf der Fähigkeit dieses spezifischen parametrischen Modells, die vom Dating Committee geschätzten Konjunkturzyklen des NBER zu reproduzieren. In jüngerer Zeit wurden einige andere nichtlineare parametrische Modelle vorgeschlagen, die Asymmetrien und Regimewechsel berücksichtigen können, um Konjunkturzyklen nachzubilden. Ich verweise beispielsweise auf das von Tong (1990) eingeführte Threshold-Autoregressive-Modell (TAR) oder das von Teräsvirta (1994) vorgeschlagene Smooth-Transition-Autoregressive-Modell (STAR). Diese Modelle unterscheiden sich von MS-Modellen insofern, als die Variable, die Regimewechsel steuert, beobachtet wird, was zu einer einfacheren statistischen Inferenz führt. Diese Modelle haben sich auch als nützlich für die Identifizierung von Konjunkturzyklen erwiesen, wie beispielsweise von Deschamps (2008) oder Billio et al. (2013) gezeigt wurde. In der letztgenannten Studie zu Daten aus dem Euroraum wurde jedoch gezeigt, dass MS-Modelle tendenziell zuverlässiger sind, da sie weniger falsche Rezessionssignale senden. Obwohl es sinnvoll erscheint, weitere Vergleiche zwischen nichtlinearen Modellen für die Konjunkturanalyse anzustellen, konzentriere ich mich in diesem Beitrag ausschließlich auf MS-Modelle.

Basierend auf sowohl nicht-parametrischen als auch parametrischen Ansätzen schlage ich eine alternative Chronologie für den industriellen Konjunkturzyklus vor, bei der der MS-Ansatz verwendet wird, um die neuen Spitzen und Tiefpunkte, die mit dem Bry-Boschan-Ansatz ermittelt wurden, etwas robuster zu machen. Die alternative Chronologie erfasst 90 % der von NBER und Romer (1994) identifizierten Spitzen und Tiefpunkte, wobei die neuen Daten jedoch in mehr als 50 % der Fälle, insbesondere bei den NBER-Tiefpunkten, durchweg früher liegen. Die neuen Daten wirken sich auf den Vergleich der durchschnittlichen Dauer von Rezessionen und Expansionsphasen sowohl in der Zeit vor dem Ersten Weltkrieg als auch in der Zwischenkriegszeit aus. Während die Referenzdaten des NBER einen Anstieg der durchschnittlichen Dauer der Expansionsphasen zwischen der Zeit vor dem Ersten Weltkrieg und der Zwischenkriegszeit zeigen, deuten die neuen Daten auf eine Verkürzung der Expansionsphasen hin. Dieses Ergebnis bestätigt die Ansicht, dass *„die Chronologie des NBER dafür kritisiert wurde, sowohl die Häufigkeit als auch die Dauer der Zyklen vor der Gründung der Fed stark zu übertreiben und damit den Beitrag der Fed zur wirtschaftlichen Stabilität in den USA zu* überbewerten." (Selgin et al., 2012, S. 581). Darüber hinaus argumentieren Selgin et al. (2012), dass die Fed in Bezug auf Preisstabilität, reale Wirtschaftsstabilität und Finanzstabilität nie bessere Ergebnisse erzielt hat als das vorherige System – der klassische Goldstandard, das nationale Bankensystem, das US-Finanzministerium und das Clearing-House-System.

Die neuen Daten bestätigen jedoch die etablierte Erkenntnis, dass die Kontraktionen in der Nachkriegszeit tendenziell länger andauerten als in der Vorkriegszeit. Der Rest dieses Kapitels ist wie folgt aufgebaut: Abschn. 6.1 beschreibt den von Miron und Romer (1990) erstellten monatlichen Industrieproduktionsindex; Abschn. 6.2 stellt kurz die Methoden von Bry und Boschan (1971) sowie Hamilton (1989) zur Datierung der Zyklen vor; Abschn. 6.3 erörtert die alternative Chronologie und vergleicht sie mit denen des NBER und Romer (1994). Die Schlussfolgerung wird in Abschn. 6.4 gezogen.

6.1 Daten

Zur Datierung der Industriezyklen verwende ich den von Miron und Romer (1990) für den Zeitraum 1884 bis 1940 abgeleiteten Index der Industrieproduktion. Diese aggregierte Reihe eignet sich gut zur Nachbildung der NBER-Verfahren, da die Industrieproduktion eine der umfassendsten aggregierten Reihen ist, die monatlich verfügbar sind, und eine der wichtigsten Reihen, die vom NBER zur Festlegung von Referenzdaten verwendet werden. Darüber hinaus stuft das NBER diesen Aggregat als gleichlaufenden Indikator ein.

Miron und Romer (1990) erstellten einen monatlichen Index der Industrieproduktion für den Zeitraum von 1884 bis 1940. Diese aggregierte Reihe stimmt nicht wirklich mit dem modernen Index der Federal Reserve Board (FRB) überein, da sie auf wesentlich weniger Reihen basiert als der moderne FRB-Index und viele Wirtschaftssektoren im Verhältnis zu ihrem tatsächlichen Anteil an der

Wertschöpfung über- oder unterrepräsentiert sind (der FRB-Index der Industrieproduktion ist eine der wichtigsten Reihen, die der derzeitige NBER-Ausschuss für Konjunkturzyklen bei der Festlegung moderner Referenzdaten berücksichtigt). Romer (1994) hat den Miron-Romer-Index angepasst, da dieser Index volatiler ist als der FRB-Index und tendenziell zufälligeren Schwankungen unterliegt. Um eine bessere Vergleichbarkeit mit dem FRB-Index zu erreichen, schätzt sie eine Regression zwischen dem FRB-Index und der Miron-Romer-Reihe in einem sich überschneidenden Zeitraum (1923–1928). Diese geschätzte Beziehung wird dann verwendet, um angepasste Werte für den Miron-Romer-Index für den Zeitraum vor 1919 zu bilden. Der resultierende Vorkriegsindex der Industrieproduktion kombiniert die angepasste Miron-Romer-Reihe für den Zeitraum 1884 bis 1918 und den FRB-Index für den Zeitraum 1919 bis 1940.

Der Hauptvorteil des Miron-Romer-Index besteht darin, dass er nicht bereits detrendiert, saisonbereinigt oder anderweitig manipuliert wurde. Dies steht im Gegensatz zu den bestehenden Indizes der Industrieproduktion aus der Vorkriegszeit, die in der Regel nur in stark bereinigten Formen verfügbar sind.

6.2 Methoden zur Datierung von Konjunkturzyklen

In der empirischen Literatur zur Konjunkturanalyse werden im Allgemeinen zwei Hauptmethoden berücksichtigt, wenn es darum geht, eine Chronologie der Konjunkturwendepunkte zu erstellen. Der erste Ansatz ist ein nicht-parametrischer Ansatz, der von Bry und Boschan (1971) vorgeschlagen wurde und sich auf einen Mustererkennungsalgorithmus stützt, um Spitzen und Tiefpunkte in einer Zeitreihe zu identifizieren. Der zweite Ansatz baut auf einem von Hamilton (1989) eingeführten Zeitreihenmodell auf, das es ihm ermöglicht, Nichtlinearitäten der Konjunkturzyklen durch eine Markov-Kette erster Ordnung zu berücksichtigen, die Regimewechsel steuert. In diesem Abschnitt werden beide Ansätze vorgestellt und die wichtigsten Vor- und Nachteile für die Konjunkturzyklusdatierung diskutiert.

6.2.1 Bry-Boschan Ansatz

Bry und Boschan (1971) bieten einen nichtparametrischen, intuitiven und leicht umsetzbaren Algorithmus zur Bestimmung von Spitzen und Tiefpunkten in einzelnen Zeitreihen, basierend auf den Burns-Mitchell-Regeln zur Identifizierung spezifischer Zyklen, ausgedrückt in Dauer und Amplitude. Obwohl die

Methode in der Literatur recht häufig verwendet wird, skizziere ich hier kurz ihre wichtigsten sequenziellen Schritte. Zunächst werden anhand eines genau definierten Kriteriums extreme Beobachtungen identifiziert und durch korrigierte Werte ersetzt. Anschließend werden für einen gleitenden 12-Monats-Durchschnitt der ursprünglichen Reihe Tiefpunkte (Höhepunkte) als Beobachtungen ermittelt, deren Werte niedriger (höher) sind als die der fünf vorangegangenen und der fünf folgenden Monate. Werden zwei oder mehr aufeinanderfolgende Tiefpunkte (Höhepunkte) gefunden, wird nur der niedrigste (höchste) Wert beibehalten. Drittens werden nach der Berechnung eines gewichteten gleitenden Durchschnitts die höchsten und niedrigsten Punkte dieser Kurve in der Umgebung von fünf Monaten vor und nach den zuvor ermittelten Spitzen und Tiefpunkten ausgewählt. Wenn sie bestimmte Phasenlängenkriterien und die Abfolge von Spitzen und Tiefpunkten erfüllen, werden sie als Zwischenwendepunkte ausgewählt. Viertens wird das gleiche Verfahren unter Verwendung eines ungewichteten kurzfristigen gleitenden Durchschnitts der ursprünglichen Reihe wiederholt. Schließlich werden in der Umgebung dieser Zwischenwendepunkte Tiefpunkte und Spitzen in der ungeglätteten Zeitreihe bestimmt. Wenn diese eine Reihe von Dauer- und Amplitudenbeschränkungen erfüllen, werden sie als endgültige Wendepunkte ausgewählt.

6.2.2 Markov-Switching-Ansatz

Im Folgenden stelle ich eine univariate Version des MS-Modells mit K $=$ 2 Regimen vor, die leicht auf mehr als zwei Regimen erweitert werden kann.

Ich definiere den Prozess zweiter Ordnung $(X_t)t \in Z = (X^1{}_t, \ldots, X^N{}_t)t \in Z$ als MS(2)$-$AR(p) wenn er die folgende Gleichung erfüllt:

$$X_t - \mu(S_t) = \sum_{i=1}^{p} \varphi_i(S_t)(X_{t-i} - \mu(S_t - i)) + \sigma(S_t)\varepsilon_t, \tag{6.1}$$

wobei $(S_t)t$ ein Zufallsprozess mit Werten in $\{1, 2\}$ ist, wobei $(\varepsilon_t)t \in Z$ ein weißer Gaußscher Prozess mit endlicher Varianz der Einheit ist und wobei $\varphi_1(S_t), \ldots, \varphi_p(S_t)$ autoregressive Parameter sind die vom Regime S_t, sowie von Standardfehler $\sigma(S_t)$ abhängen. Die vollständige Darstellung des Modells erfordert die Spezifizierung der Variablen $(S_t)t$ als Markov-Kette erster Ordnung mit zwei Regimen. Das heißt, für alle t, hängt S_t nur von S_{t-1}, d. h.:

$$P(S_t = j|S_{t-1} = i, S_{t-2}, S_{t-3}, ...) = P(S_t = j|S_{t-1} = i) = p_{ij} \quad \text{for } i, j = 1, 2. \tag{6.2}$$

Die Wahrscheinlichkeiten $P_{ij}(i, j = 1, 2)$ sind die Übergangswahrscheinlichkeiten; sie messen die Wahrscheinlichkeit, im gleichen Regime zu bleiben und von einem Regime in das andere zu wechseln. Sie liefern ein Maß für die Persistenz jedes Regimes. Offensichtlich erhalte ich: $P_{i1} + P_{i2} = 1$, für $i = 1, 2$. Die geschätzten Dauer der Regime, $D(S_t = i)$ for $i = 1, 2$, sind gegeben durch: $D(S_t = i) = 1/(1 - p_{ii})$. Der Schätzungsschritt ermöglicht es, für jedes Datum t die prognostizierten, gefilterten und geglätteten Wahrscheinlichkeiten zu erhalten, sich in einem bestimmten Regime i zu befinden, die jeweils durch $P(S_t = i|\hat{\theta}, X_{t-1}, ..., X_1)$, $P(S_t = 1|\hat{\theta}, X_t, ..., X_1)$ und $P(S_t = i|\hat{\theta}, X_t, ..., X_1)$, wobei $\hat{\theta}$ der geschätzte Parameter ist. In unserem Dating-Framework werden nur die geglätteten Wahrscheinlichkeiten berücksichtigt. Die Schätzung erfolgt mit dem von Hamilton (1990) vorgeschlagenen Algorithmus.

Die Wahl der Anzahl der Regime K ist bei empirischen Anwendungen immer ein Problem. In der Literatur wurden einige Testverfahren zur Überprüfung der Anzahl der Regime vorgeschlagen, die jedoch nicht ohne weiteres umgesetzt werden können (siehe beispielsweise Hansen, 1992, oder Hamilton, 1996). In diesem Beitrag nehme ich $K = 2$ an, um die ursprünglich von Burns und Mitchell (1946) betrachtete Expansions-/Rezessionssequenz zu reproduzieren. Aus meinen empirischen Ergebnissen geht jedoch hervor, dass die Einbeziehung eines dritten Regimes nicht zur Verbesserung der Interpretation des Modells beiträgt.

6.2.3 Vergleich beider Ansätze zur Datierung von Konjunkturzyklen

Beide bisherigen Ansätze wurden in der Literatur zur Konjunkturanalyse häufig verwendet, insbesondere im Hinblick auf die Erstellung von Referenzchronologien für Wendepunkte. Wenn das Ziel darin besteht, eine Chronologie der Wendepunkte zu erstellen, können einige Eigenschaften beim Vergleich der Methoden hilfreich sein, wie beispielsweise Transparenz (die Datierungsmethode muss für jeden reproduzierbar sein), Anpassungsfähigkeit der Methode an verschiedene Reihen und Länder, Robustheit gegenüber Extremwerten und gegenüber der Stichprobe oder Stabilität der Chronologie im Zeitverlauf (siehe beispielsweise Anas et al., 2007).

Ein Blick auf die empirische Literatur zeigt, dass MS-Modelle seit der wegweisenden Arbeit von Hamilton (1989) sich oft als nützlich erwiesen haben, um

Konjunkturzyklen zu replizieren. Es gibt jedoch keine Garantie dafür, dass das MS-Modell in der Lage ist, Rezessionsphasen im Sinne der gängigen Definition zu unterscheiden. Das Modell trennt Regime nur gemäß der Spezifikation des Modells, um die Daten anzupassen. Diese Trennung fällt anders aus, wenn ich die Spezifikation ändern: Varianzen in Abhängigkeit von Regimen, zeitlich variierende Übergangswahrscheinlichkeiten, autoregressive Terme usw. Es ist nicht sicher, dass ich die beste Spezifikation finden, die Konjunkturzyklen durch Minimierung von Kriterien wie AIC oder BIC identifiziert, im Gegenteil, viele alternative Modelle, d. h. Darstellungen, sind möglich. Beispielsweise scheint es gleichwertige Kombinationen von Schätzungen autoregressiver Terme und Übergangswahrscheinlichkeiten zu geben, da beide Parameter die Zeitabhängigkeit der Daten erfassen.

Infolgedessen liefern MS-Modelle nicht unbedingt eine robuste Chronologie der Wendepunkte, d. h. die Schätzung des Modells anhand von Teilstichproben führt nicht unbedingt zu denselben Daten für die Wendepunkte. In der Regel kann die Hinzufügung neuer Datenpunkte zur Stichprobe zu einer Änderung der Wendepunktdaten führen, sodass die Stabilität der Wendepunkte im Zeitverlauf nicht gewährleistet ist. Aus diesem Grund legen einige Autoren bei der Verwendung von MS-Modellen zur Replikation von Konjunkturzyklen einen höheren Schwellenwert als den natürlichen Schwellenwert von 0,5 fest, bevor sie auf der Grundlage der geschätzten bedingten Wahrscheinlichkeit ein Rezessionssignal aussenden (siehe Darné & Ferrara, 2011). Auch Chauvet und Hamilton (2006) haben Ad-hoc-Beschränkungen für die bedingte Wahrscheinlichkeit zur Erkennung einer Rezession festgelegt. Insgesamt scheint mir, dass nichtparametrische Ansätze für die Datierung vergangener Wendepunkte besser geeignet sind, in Übereinstimmung mit Harding und Pagan (2002).

6.3 Datierungsergebnisse

6.3.1 Alternative Datierung

Entsprechend den Schlussfolgerungen im vorigen Abschnitt verfolge ich die Strategie, sowohl den BB- als auch den MS-Ansatz anzuwenden, wobei ich die BB-Chronologie als Referenzwert betrachte und die MS-Chronologie zum Vergleich heranziehe.

Ich wende den Bry-Boschan-Algorithmus sowie das MS-Modell auf den bereinigten Index der Industrieproduktion (1884–1940) an, um neue Daten für Hoch- und Tiefpunkte vorzuschlagen.

Tab. 6.1 Parameterschätzungen für das MS-Modell für den Zeitraum 1884–1940

	$\mu(S_t = 1)$	$\mu(S_t = 2)$	$\sigma_\varepsilon(S_t = 1)$	$\sigma_\varepsilon(S_t = 2)$	P_{11}	P_{22}	$D(S_t = 1)$	$D(S_t = 2)$
IPI	−1,914 (0,286)	0,929 (0,106)	1,755	1,568	0,791	0,943	5	18

Anmerkung: die Dauer D jedes Regimes wird in Monaten angegeben. Die Standardabweichungen sind in Klammern angegeben.

In Bezug auf das MS-Modell werden verschiedene autoregressive Grade p in Betracht gezogen, die von $P = 0$ bis $P = 6$ reichen. Bei Betrachtung der geglätteten Wahrscheinlichkeit, sich im niedrigen Regime ($S_t = 1$) zu befinden, stellt sich heraus, dass $P = 0$ die Rezessionsphasen am deutlichsten beschreibt und daher beibehalten wird.

Gemäß den in Tab. 6.1 dargestellten Ergebnissen ist das niedrige Regime ($S_t = 1$) durch ein negatives durchschnittliches Wachstum von −1,914 gekennzeichnet, was mit einer durchschnittlichen Wachstumsrate der Rezessionsphasen übereinstimmt, während das hohe Regime ($S_t = 2$) eine positive durchschnittliche Wachstumsrate von 0,929 aufweist. Das niedrige Regime ist außerdem durch eine durchschnittliche Dauer von 5 Monaten gekennzeichnet, die unter den in den Rezessionen nach dem Zweiten Weltkrieg beobachteten Dauern liegt, die fast ein Jahr betrugen. Die durchschnittliche Dauer des hohen Regimes (18 Monate) ist ebenfalls niedriger als die nach dem Zweiten Weltkrieg geschätzten Dauern.

Ausgehend von der in Abb. 6.1 dargestellten geschätzten geglätteten Wahrscheinlichkeit, sich im niedrigen Regime zu befinden, d. h. $P(S_t = 1|\hat{\theta}, X_T, ..., X_1)$, identifiziere ich Spitzen und Tiefpunkte von den industriellen Konjunkturzyklus, indem ich sage, dass die Wirtschaft sich in einer Rezession befindet, wenn diese Wahrscheinlichkeit über dem Schwellenwert von 0,50 mit einem Konfidenzintervall von 5 % liegt, und umgekehrt. Somit werden ein Höchststand im Monat vor Beginn dieser niedrigen Konjunkturphase und ein Tiefpunkt im letzten Monat dieser niedrigen Konjunkturphase ermittelt. Darüber hinaus wende ich eine Zensierungsregel an, wonach ein identifizierter Zeitraum mindestens fünf aufeinanderfolgende Monate dauern muss.

Die von den Bry-Boschan- und MS-Ansätzen gelieferten Daten für Spitzen- und Tiefpunkte sind in Tab. 6.2 dargestellt. Aus dieser Tabelle schätze ich 14 vollständige Zyklen von Spitze zu Spitze, was etwas weniger ist als die anderen Schätzungen (siehe Tab. 6.4), wobei 8 Zyklen vor dem Ersten Weltkrieg und 6 Zyklen in der Zwischenkriegszeit auftraten. Die Datierungsergebnisse

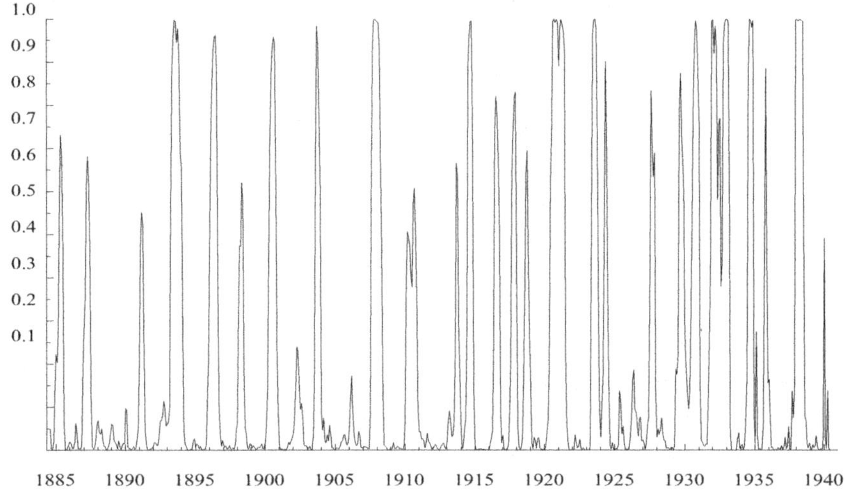

Abb. 6.1 Glättete Wahrscheinlichkeit einer industriellen Rezession im Zeitraum 1884–1940

beider Methoden stimmen im Allgemeinen überein, da 50 % der Daten exakt übereinstimmen und 71 % eine maximale Abweichung von einem Monat aufweisen. Eine bemerkenswerte Ausnahme bilden die Rezessionen von 1892–1894 und 1913–1914, bei denen die Spitzenwerte um 10 bzw. 17 Monate voneinander abweichen. Es ist zu beachten, dass für die Rezession von 1913–1914 der Bry-Boschan-Ansatz den Höhepunkt auf Januar 1913 datiert, wie vom NBER vorgeschlagen, während der MS-Ansatz ihn auf Juni 1914 datiert, wie von Romer (1994) vorgeschlagen. Darüber hinaus liegen die vom MS-Modell angegebenen Daten für die Spitzen des industriellen Konjunkturzyklus zwischen 2 und 17 Monaten hinterher, während die Daten für die Tiefpunkte leicht vorauseilen. Der durchschnittliche absolute Wert der Abweichung zwischen den beiden Methoden beträgt 1,7 Monate, aber wenn sich die beiden größten Abweichungen ausschließen, sinkt der Durchschnitt auf 0,8 Monate. Insgesamt sind die Daten beider Ansätze bis auf wenige Ausnahmen sehr ähnlich und bestätigen somit die Robustheit der neuen Spitzen- und Tiefpunkte.

Zusätzlich zu den bisherigen Messungen der Dauer berücksichtige ich auch die Produktionsverluste während einer Spitze und einer Talsohle (letzte Spalte von Tab. 6.2). Die Verluste liegen während der Weltwirtschaftskrise zwischen 6,2 % und 39,0 %. Bemerkenswert ist, dass der durchschnittliche Verlust von

Tab. 6.2 Daten der Hoch- und Tiefpunkte der US-Industriekonjunktur vor dem Zweiten Weltkrieg

Bry-Boschan-Daten		Markov-Switching-Daten		Abweichungen		Verlust (in %)
Höchststand	Tief	Spitze	Tief	Spitze	Tief	
Industriezyklen vor dem Ersten Weltkrieg						
1886:11	1887	1887	1887	3	0	7,1
1892:05	1894:02	1893:03	1894:01	10	−1	17,3
1895:10	1896:08	1896:01	1896:07	3	−1	10,8
1900:03	1900:10	1900:03	1900:10	0	0	10,0
1903:07	1903:12	1903:07	1903:12	0	0	9,5
1907:07	1908:05	1907:07	1908:05	0	0	20,0
1910:01	1910:11	1910:02	1910:10	1	−1	9,1
1913:01	1914:11	1914:06	1914:11	17	0	11,8
Industriezyklen zwischen den Weltkriegen						
1918:06	1919:01	1918:08	1918:12	2	−1	6,2
1920:05	1921:06	1920:05	1921:06	0	0	27,7
1923:04	1924:08	1923:04	1924:06	0	−2	18,3
1927:04	1927:12	1927:07	1927:11	−3	−1	6,2
1929:04	1933:03	1929:07	1933:03	3	0	39,0
1937:11	1938:07	1937:11	1938:07	0	0	27,5

11,9 % in der Zeit vor dem Ersten Weltkrieg auf 20,8 % in der Zwischenkriegszeit steigt. Selbst wenn sich die Weltwirtschaftskrise ausklammern, beträgt der durchschnittliche Verlust in der Zwischenkriegszeit 17,2 %, was einen Anstieg der Verlustamplitude zeigt.

6.3.2 Vergleiche

Tab. 6.3 zeigt die von NBER und Romer (1994) vorgeschlagene Chronologie sowie meine neue alternative Chronologie. Tab. 6.3 zeigt wichtige Ähnlichkeiten, aber auch wesentliche Unterschiede zwischen den Daten von NBER und Romer und unseren alternativen Daten. Ich stelle fest, dass 14 Zyklen in unserer überarbeiteten Chronologie genau mit den Zyklen von NBER und Romer übereinstimmen. Allerdings gibt es einige Fragen zu den Daten der Wendepunkte, insbesondere vor dem Ersten Weltkrieg.

Die überarbeiteten Daten zum industriellen Konjunkturzyklus sind selektiver bei der Isolierung echter Kontraktionen in der Zeit nach dem Ersten Weltkrieg. Die neue Chronologie stuft mehrere Rezessionen des NBER und Romer lediglich als Wachstumszyklen ein. Durch die überarbeitete Datierung entfallen jeweils ein Zyklus in der Chronologie des NBER und ein Zyklus in der Chronologie von Romer, wobei keiner der beiden Referenzen gemeinsam ist. Die Streichung der beiden Rezessionen (1890–1891 und 1916–1917) steht im Einklang mit anderen Messgrößen, die darauf hindeuten, dass diese Rezessionen als Wachstumszyklen neu klassifiziert werden sollten. Die Identifizierung dieser falschen Rezessionen wird viele Wirtschaftshistoriker nicht überraschen.

Wie Romer (1994) feststellte, scheint die vom NBER identifizierte Kontraktion von 1890–1891 keine Rezession zu sein. Für Williamson (1974) lässt sich beispielsweise ein Teil des Rückgangs einfach durch die Verlangsamung des Arbeitskräftewachstums erklären. Dieser Zyklus wird von anderen Forschern häufig als fragwürdig bezeichnet. Tatsächlich bezeichnet Thorp (1926) diesen Konjunkturrückgang als „kurz“, Fels (1959) als „außergewöhnlich mild“ und Zarnowitz (1981) zählt ihn zu den mildesten Konjunkturzyklen der Vorkriegszeit.

Die neue Chronologie bestätigt, dass die Rezession von 1916–1917 keine Kontraktion darstellt, während Romer sie als Zyklus identifiziert. Diese (mögliche) Rezession steht im Zusammenhang mit dem Beginn des Ersten Weltkriegs in Europa. Wie von Temin (1998, S. 29) erwähnt, lässt sich für den Zeitraum 1916–1917, für den keine Informationen gefunden werden konnten, keine Erzählung entwickeln. Es ist zu beachten, dass die geringste Diskrepanz zwischen den neuen Daten und den NBER-Daten für den Zyklus 1913–1914 auftritt, während Romer den Höhepunkt 17 Monate später (im Juni 1914 statt im Januar 1913) feststellte.

Es gibt Unterschiede hinsichtlich der Daten der Spitzen- und Tiefpunkte zwischen den sieben Zyklen, die anhand der drei Chronologien für die Zeit nach dem Ersten Weltkrieg ermittelt wurden. In einigen Fällen stimmen die Daten für den Höhepunkt oder Tiefpunkt mit den Daten des NBER und Romer überein (Februar 1894, Juli 1903, Juli 1907 und Dezember 1927 für Romer, Januar 1913 und März 1933 für den NBER und Januar 1910 für beide Quellen). Der durchschnittliche absolute Wert der Abweichung zwischen den neuen Daten und denen des NBER und Romer beträgt 5,3 Monate bzw. 3,2 Monate (es sei darauf hingewiesen, dass Romer (1994) für diesen Zeitraum einen durchschnittlichen absoluten Wert der Abweichung zwischen den NBER-Daten und ihren Daten von 4,5 Monaten ermittelt hat). Die größte Abweichung besteht für den Höhepunkt

Tab. 6.3 Daten der Spitzen- und Tiefpunkte in der US-Industrie vor dem Krieg

NBER-Referenzdaten		Romer-Daten		Alternative Daten		Abweichungen NBER		Abweichungen Romer Hoch	
Spitzenwert	Tiefpunkt	Spitzenwert	Tiefpunkt	Spitze	Tief	Spitze	Tiefpunkt	Spitze	Tief
Industriezyklen vor dem Ersten Weltkrieg									
1887:03	1888	1887	1887	1886:11	1887:06	−4	−10	−3	−1
1890:07	1891:05								
1893:01	1894:06	1893:01	1894:02	1892:05	1894:02	−8	−4	−8	0
1895:12	1897:06	1896:01	1897:01	1895:10	1896:08	−2	−10	–	−5
1899:06	1900:12	1900:04	1900:12	1900:03	1900:10	9	−2	−1	−2
1902:09	1904:08	1903:07	1904:03	1903:07	1903:12	10	−8	0	−3
1907:05	1908:06	1907:07	1908:06	1907:07	1908:05	2	−1	0	−1
1910:01	1912:01	1910:01	1911:05	1910:01	1910:11	0	−14	0	−6
1913:01	1914:12	1914:06	1914:12	1913:01	1914:11	0	−1	−17	−1
		1916:05	1917:01						
Industriezyklen zwischen den Weltkriegen									
1918:08	1919:03	1918:07	1919:03	1918	1919:01	–	−2	−1	−2
1920:01	1921:07	1920:01	1921:03	1920:05	1921:06	4	−1	4	3
1923:05	1924:07	1923:05	1924:07	1923:04	1924:08	−1	1	−1	1
1926:10	1927:11	1927:03	1927:12	1927:04	1927:12	6	1	1	0
1929:08	1933:03	1929:09	1932:07	1929:04	1933:03	−4	0	−5	8

(Fortsetzung)

Tab. 6.3 (Fortsetzung)

NBER-Referenzdaten		Romer-Daten		Alternative Daten		Abweichungen NBER		Abweichungen Romer Hoch	
Spitzenwert	Tiefpunkt	Spitzenwert	Tiefpunkt	Spitze	Tief	Spitze	Tiefpunkt	Spitze	Tief
1937:05	1938:06	1937:08	1938:06	1937:11	1938:07	6	1	3	1
		1939:12	1940:03						

Anmerkungen: Die NBER-Konjunkturzyklus-Chronologie stammt von Moore und Zarnowitz (1986) sowie Diebold und Rudebusch (1992). Die Romer-Konjunkturzyklus-Chronologie stammt von Romer (1994).

Tab. 6.4 Unterschiede in den Chronologien der Industriezyklen

		Revidierte Spitzenwerte			Revidierte Tiefpunkte		
Zyklen	Anzahl	Früher	Gleich	Später	Früher	Gleich	Später
NBER-Zyklen	15	6	2	6	10	1	3
Romer-Zyklen	16	8	3	3	8	2	4
Überarbeitete Zyklen	14						

Anmerkungen: Die Chronologie der Konjunkturzyklen des NBER stammt von Diebold und Rudebusch (1992). Die Chronologie der Konjunkturzyklen von Romer stammt von Romer (1994).

im Mai 1892 (8 Monate zuvor) in der Romer-Chronologie und für den Tiefpunkt im November 1910 (14 Monate zuvor) in der NBER-Referenz. Es ist zu beachten, dass die Rezession von 1907–1908 die geringste Abweichung zwischen den drei Chronologien aufweist.

Die Daten für die Zwischenkriegszeit (1918–1940) scheinen weniger fragwürdig zu sein als die für die Zeit vor dem Ersten Weltkrieg. Tatsächlich wird nur die kurze Rezession von 1939–1940, die mit dem Beginn des Zweiten Weltkriegs in Europa zusammenfällt und von Romer (1994) vorgeschlagen wurde, weder in der neuen Chronologie noch vom NBER identifiziert. Dies lässt sich dadurch erklären, dass diese Rezession mit nur drei Monaten sehr kurz war und nicht als Konjunkturrezession angesehen werden kann. Darüber hinaus betragen die Abweichungen zwischen den Daten des NBER und Romer und denen der neuen Chronologie durchschnittlich 2,5 Monate. Dieses Ergebnis bestätigt die geringe Unsicherheit hinsichtlich der Daten für die Zwischenkriegszeit.

Schließlich sind die Unterschiede über alle in den drei Chronologien identifizierten Zyklen hinweg manchmal systematisch. Die neuen Daten liegen in der Zeit nach dem Ersten Weltkrieg vor den NBER- und Romer-Tiefpunkten (durchschnittlich 5,4 Monate bzw. 2,6 Monate) und den Romer-Höhepunkten (durchschnittlich 4,9 Monate).

Ich schlage vor, die Unterschiede zwischen den drei verschiedenen Chronologien der Wendepunkte, die vom NBER, Romer (1994) und meiner alternativen Schätzung vorgeschlagen wurden, im Detail zu untersuchen. Die Merkmale der Revisionen der Spitzen- und Talwerte sind in Tab. 6.4 aufgeführt. Das auffälligste Merkmal der revidierten Chronologie ist, dass die Spitzen- und Talwerte durchweg früher datiert sind als die aus den Chronologien des NBER und Romer abgeleiteten Werte. Tatsächlich sind in der revidierten Chronologie sieben bis neun der vierzehn gemeinsamen Spitzen- und Talwerte früher datiert.

Selbst wenn die neue Chronologie 90 % der von NBER und Romer (1994) vorgeschlagenen Spitzen und Tiefpunkte identifiziert, werden mehr als 50 % davon durchweg früher datiert, insbesondere die Tiefpunkte des NBER (70 %). Daher können diese Änderungen einige Auswirkungen auf die Merkmale der Zyklen haben, nämlich auf deren Häufigkeit und Dauer. Tab. 6.5 zeigt, dass die neue Chronologie eine durchschnittlich höhere Häufigkeit von Kontraktionen im Zeitraum 1918–1940 (42 %) als im Zeitraum 1887–1917 (28 %) aufweist. Dieses Ergebnis steht im Widerspruch zur Chronologie des NBER, für die die durchschnittliche Häufigkeit von Rezessionen in beiden Zeiträumen ähnlich ist. Die durchschnittliche Dauer der Kontraktionen ist in allen drei Chronologien für den Zeitraum 1918–1940 höher als für den Zeitraum 1887–1917. Dieses Ergebnis bestätigt die Ansicht, dass die Chronologie des NBER dazu neigt, sowohl die Häufigkeit als auch die Dauer der Zyklen vor der Gründung der Fed zu erhöhen (Selgin et al., 2012, S. 581). Dennoch verkürzen die neuen Spitzen- und Tiefstwerte die durchschnittliche Dauer der Rezessionen für den Zeitraum 1887–1917 im Vergleich zur NBER-Chronologie um ein Drittel, wie Romer (1994) festgestellt hat. Die neue Chronologie und die von Romer (1994) weisen für den Zeitraum 1918–1940 eine geringere durchschnittliche Dauer der Expansionsphasen auf als für den Zeitraum 1887–1917, während die Chronologie des NBER das Gegenteil zeigt. Schließlich ist die durchschnittliche Expansion in der Zeit vor dem Ersten Weltkrieg etwa dreimal so lang wie die durchschnittliche Kontraktion in der revidierten Chronologie und der Chronologie von Romer, während sie in der Chronologie des NBER leicht abweicht.

Wie von Diebold und Rudebusch (1992) vorgeschlagen, verwende ich einen Wilcoxon-Rangsummentest, um zu prüfen, ob die durchschnittliche Dauer von Expansions- und Rezessionsphasen zwischen zwei Stichproben, nämlich zwischen der Zeit vor dem Ersten Weltkrieg (1887–1917) und der Zwischenkriegszeit (1918–1940), für die verschiedenen Chronologien gleich ist. Tab. 6.5 zeigt, dass es unabhängig von der Chronologie keine nennenswerten Unterschiede in der Dauer der Zyklen zwischen diesen beiden Zeiträumen gibt.

6.4 Schlussfolgerung

In diesem Kapitel schlage ich eine alternative Reihe von monatlichen Hoch- und Tiefpunkten des US-Industriezyklus für die Vorkriegszeit (1890–1938) vor, wobei ich die von Bry und Boschan (1971) und Hamilton (1989) vorgeschlagenen Methoden auf den von Miron und Romer (1990) erstellten und von Romer

Tab. 6.5 Häufigkeit und Dauer der Konjunkturzyklen der US-Industrie

	Stichprobengröße		Durchschnittliche Dauer		Durchschnittliche Dauer		Test	
Zyklen	1887–1917	1918	1887–1917	1918–1940	1887–1917	1918–1940	Wilcoxon	p-Wert
Kontraktionen								
NBER-Zyklen	9	6	45,8	45,4	16,3	18,0	28,5	0,91
Romer-Zyklen	9	7	24,2	33,3	9,7	13,1	24,5	0,49
Überarbeitete Zyklen	8	6	27,6	40,4	11,5	16,5	20,0	0,65
Expansionen								
NBER-Zyklen	9	6	54,2	54,6	21,8	26,0	16,0	0,61
Romer-Zyklen	9	7	75,8	66,7	34,0	28,0	31,0	0,41
Überarbeitete Zyklen	8	6	72,4	59,6	34,4	29,2	22,0	0,52

Anmerkungen: Die durchschnittliche Häufigkeit wird in Prozent angegeben. Die durchschnittliche Dauer und die Wilcoxon-Statistik werden in Monaten angegeben.

(1994) modifizierten monatlichen Industrieproduktionsindex anwende. Die alternative Chronologie erfasst 90 % der von NBER und Romer (1994) identifizierten Spitzen- und Tiefpunkte, wobei jedoch mehr als 50 % davon, insbesondere die Tiefpunkte des NBER (70 %), durchweg früher datiert werden. Die revidierten Daten für den Konjunkturzyklus der Industrie sind selektiver bei der Isolierung echter Kontraktionen in der Zeit nach dem Ersten Weltkrieg, indem sie einen (1890–1891) bzw. zwei (1916–1917 und 1939–1940) Zyklen aus den Chronologien von NBER und Romer entfernen (Tab. 6.5).

Die neuen Daten wirken sich auf den Vergleich der durchschnittlichen Dauer von Rezessionen und Expansionsphasen in der Zeit nach dem Ersten Weltkrieg und in der Zwischenkriegszeit aus. Während die Referenzdaten des NBER einen Anstieg der durchschnittlichen Dauer der Expansionsphasen zwischen der Zeit nach dem Ersten Weltkrieg und der Zwischenkriegszeit zeigen, lassen die neuen Daten einen Rückgang der Expansionsphasen erkennen. Die neuen Daten bestätigen jedoch die traditionelle Erkenntnis, dass die Kontraktionsphasen in der Nachkriegszeit länger dauerten als in der Vorkriegszeit.

Konjunkturzyklen weiterdenken 7

Zusammenfassung

In einer Welt tiefgreifender Umbrüche gewinnen Konjunkturzyklen als Ausdruck wirtschaftlicher und gesellschaftlicher Dynamiken neue Relevanz. Die Analyse historischer und aktueller Zyklen erfordert eine Verbindung von Theorie, Statistik und langfristiger Perspektive. Statt rein mechanischer Fluktuationen offenbaren sich Zyklen als Spiegel institutioneller, sozialer und politischer Veränderungen. Ihre Untersuchung verlangt methodische Sorgfalt, interdisziplinären Austausch und ein Gespür für das Wechselspiel von Struktur und Wandel.

Heute herrscht eine recht allgemeine Übereinstimmung über den Wortlaut der Definition von Burns und Mitchell (1946, S. 3): „*Ein Zyklus besteht aus Expansionsphasen, die in vielen Wirtschaftszweigen gleichzeitig auftreten, gefolgt von ebenso allgemeinen Rezessions-, Kontraktions- und Erholungsphasen, die in die Expansionsphase des nächsten Zyklus übergehen; diese Folge von Veränderungen ist wiederholend, aber nicht periodisch; hinsichtlich ihrer Dauer variieren die Zyklen von über einem Jahr bis zu zehn oder zwölf Jahren*“.

Diese komplexe, sehr nuancierte Formulierung enthält drei wesentliche Elemente, um Rezessionen und korrelativ dazu Expansionsphasen zu identifizieren:

1. Der Rückgang der wirtschaftlichen Aktivität muss ausreichend ausgeprägt sein;
2. er muss viele Sektoren der betreffenden Wirtschaft betreffen;

C. Diebolt, *Konjunkturzyklen*, https://doi.org/10.1007/978-3-658-49906-8_7

3. schließlich muss die Kontraktion ausreichend lange andauern, auch wenn ihre Dauer deutlich geringer ist als die der Expansionsphasen und somit eine Asymmetrie zwischen Expansionen und Kontraktionen besteht.

Das Problem besteht jedoch darin, diese Definition in die Realität umzusetzen, insbesondere die Reihe(n) zu identifizieren, mit der/denen die aggregierte Wirtschaftstätigkeit gemessen werden kann, und dann die Wendepunkte zu finden. Für Burns und Mitchell (1946, S. 72) *„kann man der aggregierten Aktivität eine wohldefinierte Bedeutung geben und sie konzeptuell messbar machen, indem man sie mit dem Bruttosozialprodukt gleichsetzt"*.

Allerdings, so stellen die beiden Autoren sofort klar – wir schreiben das Jahr 1946! – schlagen sie daher vor, eine Reihe von Ersatzchroniken zu verwenden, anhand derer der aggregierte Referenzzyklus vor allem durch grafische Methoden bestimmt werden kann, d. h. durch die Beobachtung von Gruppen (Clustern) von Wendepunkten.

An dieser Art von Ansatz wurden zwei Hauptkritiken geübt: Zum einen ist der Zyklus eine Komponente, die aus der Referenzreihe extrahiert werden muss und nicht diese Chronik selbst; zum anderen ist die grafische Analyse von Burns und Mitchell ausschließlich empirisch und stützt sich nicht auf Methoden der statistischen Inferenz.

Die Kritik kommt besonders in der Strömung zum Ausdruck, die versucht, *„koinzidente Indikatoren"* des Zyklus auf einer probabilistischen Grundlage zu konstruieren: Der Pionierartikel in diesem Bereich ist sicherlich der von Stock und Watson (1991). Allgemeiner wurde der Ansatz von Forni et al. (2000) mit ihrem verallgemeinerten dynamischen Faktormodell weiterentwickelt.

Die zweite Kritik an dem Ansatz von Burns und Mitchell wird von all jenen geäußert, die versuchen, die zyklische Komponente in der untersuchten Reihe zu isolieren. Die Methoden, um dies zu erreichen, sind sehr zahlreich. Dabei handelt es sich jedoch alles in allem nur um modernisierte Versionen der Techniken zur statistischen Zerlegung von Chroniken, die, wie oben erwähnt, von Persons initiiert wurden. Sie reichen von der Bestimmung des *„Trends der Phasenmittelwerte"*, der von den Forschern des amerikanischen NBER populär gemacht wurde (vgl. Boschan & Ebanks, 1978), bis hin zur Verwendung der zahlreichen Filter, die in den letzten 20 Jahren entwickelt wurden.

Der gemeinsame Ansatz der meisten dieser Methoden besteht darin,

1. den Trend aus der untersuchten Reihe zu entfernen;
2. den Zyklus zu isolieren. Die Frage der Saisonbereinigung wird hier absichtlich ausgeklammert. Die Entfernung des Trends kann auf drei Arten erfolgen:

Schätzung eines deterministischen linearen Trends und Subtraktion dieses Trends von der Reihe; Differenzierung der Reihe, um den stochastischen Trend zu entfernen; und schließlich Anwendung des Hodrick-Prescott-Filters (1997).

Die ersten beiden Methoden, die in Anlehnung an DeJong (2007) als *detrending* und *differentiation* bezeichnet werden, beruhen auf der impliziten Annahme, dass die untersuchte Chronik, d. h. y_t, mit einer annähernd konstanten Rate wächst. Wenn man mit dem Logarithmus der betreffenden Serie arbeitet, sind die zeitlichen Veränderungen von ln y_t gleichbedeutend mit der Wachstumsrate von y_t.

In der Tat $\partial \ln y_t/\partial t = (\partial y_t/\partial t)/y_t = \dot{y}_t/y_t = g_y$.

Das „detrending"-Verfahren geht davon aus, dass die Reihe einen *deterministischen* Trend enthält und somit einem datenerzeugenden Prozess der Form:

$$y_t = y_0(1 + g_y)^t e^{u_t}, \tag{7.1}$$

wobei u_t ein stationärer stochastischer Prozess zweiter Ordnung ist. In logarithmischer Form wird (Gl. 7.3) zu:

$$\ln y_t = \ln y_0 + t\ln(1 + g_y) + u_t = \ln y_0 + g_y t + u_t, \tag{7.2}$$

da ln $(1 + g_y)$ durch g_y. angenähert werden kann Man schätzt g_y in (Gl. 7.4) leicht durch gewöhnliche kleinste Quadrate, woraufhin man diesen Trend einfach von ln y_t. subtrahiert Die Reihe wird dann als trend-stationär bezeichnet.

Im Vergleich dazu geht die Differenzierungsmethode davon aus, dass die Reihe y_t einen stochastischen Trend enthält und somit der generierende Prozess von y_t gegeben ist durch:

$$\begin{aligned} y_t &= y_0 e^{\varepsilon_t}, \\ \varepsilon_t &= \delta + \varepsilon_{t-1} + u_t, \end{aligned} \tag{7.3}$$

wobei u_t wieder ein stationärer stochastischer Prozess zweiter Ordnung ist. Wenn man in (Gl. 7.5) die Logarithmen nimmt, ergibt sich:

$$\ln y_t = \ln y_0 + \varepsilon_t. \tag{7.4}$$

Die erste Differenz von ln y_t in (Gl. 7.6), unter Berücksichtigung von (Gl. 7.5), ist gegeben durch:

$$\ln y_t - \ln y_{t-1} = \varepsilon_t - \varepsilon_{t-1} = \delta + u_t. \tag{7.5}$$

Wie bereits erwähnt, heißt es dann, dass die Reihe ln y_t *durch Differenzierung stationär* ist. Der Schätzer von δ ist einfach gleich dem Mittelwert von ln y_t – ln y_{t-1}, der dann nur noch von (Gl. 7.7) subtrahiert werden muss.

Die Wahl eines der beiden Verfahren erfolgt ausschließlich aufgrund der Tatsache, ob man glaubt, dass der datenerzeugende Prozess durch (Gl. 7.4) oder (Gl. 7.7) gegeben ist. Dies ist eine schwierige Wahl, da, wie wir gesehen haben, die von Nelson und Plosser (1982) eingeleitete Kontroverse über das Vorhandensein einer Einheitswurzel in Wirtschaftsreihen nicht völlig schlüssig ist.

Der dritte Ansatz, um den Trend aus einer Reihe zu entfernen, ist der von Hodrick-Prescott. Er geht von der Zerlegung von ln y_t in die Form:

$$\ln y_t = g_t + c_t, \tag{7.6}$$

wobei g_t die Wachstumskomponente von ln y_t und c_t ihre zyklische Komponente ist. Anschließend sollen die Werte von c_t und g_t bestimmt werden, die minimieren:

$$\sum\nolimits_{t=1}^{T} c_t^2 + \lambda \sum\nolimits_{t=1}^{T} (g_t - 2g_{t-1} + g_{t-2})^2, \tag{7.7}$$

λ ein gegebener Parameter ist (bei vierteljährlichen Reihen üblicherweise gleich 1600). Die Abschaffung des Trends führt *in letzter* Konsequenz zu:

$$\ln y_t - \hat{g}_t = \hat{c}_t. \tag{7.8}$$

Neben diesen drei Techniken gibt es sogenannte *Bandpass-Filter*, bei denen der Trend einer Reihe nicht erst entfernt werden muss, um die zyklische Komponente zu extrahieren; das allgemeine Prinzip dieser Filter – Baxter-King (1999) und Christiano-Fitzgerald (2003) – besteht darin, alle Zyklen außerhalb eines bestimmten Frequenzbandes (zwischen 6 und 40 Quartalen) zu eliminieren. Auf diese Weise würde man einen „optimalen" Filter erhalten; in der Praxis muss man sich jedoch mit einer Annäherung begnügen.

Insgesamt gibt es so viele verschiedene Zyklen, wie es Filter gibt, und sogar noch mehr, wenn man die filterspezifischen Parameter variiert. Dies ist der Hauptkritikpunkt an dieser Art von Ansatz. Es gibt noch weitere Kritikpunkte, wie z. B. die, dass sie zu irreführenden Fluktuationen führen, siehe Cogley (2006).

Wenn es also wirklich darum geht, den Konjunkturzyklus zu identifizieren, führt letztlich kein Weg an der Definition von Burns und Mitchell (1946) vorbei – ein wenig so, als würde man bei jeder neuen Generation wirtschaftlicher Analysen feststellen, dass der alte Kompass von damals doch noch erstaunlich gut funktioniert.

Die Vorstellung des Konjunkturzyklus ist jedoch keineswegs ein Relikt einer überholten ökonomischen Wissenschaft. Im Gegenteil: In einer Welt, die von systemischen Krisen, ökologischen Brüchen, technologischen und geopolitischen Umwälzungen geprägt ist, wird das Studium dynamischer Regelmäßigkeiten, die Wachstumspfade strukturieren, selten so dringlich wie heute. Die Geschichte des ökonomischen Denkens zeigt uns in ihrer zeitlichen Tiefe, dass Konjunkturzyklen nicht bloße Schwankungen um einen Trend darstellen. Vielmehr sind sie konstitutiv für die Bewegung von Gesellschaften selbst. Aufschwungs- und Abschwungsphasen bringen tiefgreifende institutionelle, soziale und politische Veränderungen mit sich. Die kliometrische Perspektive (Diebolt & Haupert, 2024), der ich mich verbunden fühle, ermöglicht einen fruchtbaren Dialog zwischen Theorie, Geschichte und Statistik in einer kumulativen Logik. Sie bietet einen methodischen Rahmen, um langfristige Regelmäßigkeiten zu identifizieren – ohne dabei die lokale Spezifität und die historischen Zufälligkeiten aus dem Blick zu verlieren.

Aus theoretischer Sicht könnte die Zukunft der Konjunkturforschung in einer Re-Kontextualisierung liegen: Zyklen sind weder rein mechanische Artefakte noch irrationale Schicksale, sondern konkrete Ausdrucksformen einer Welt im Spannungsfeld von Struktur und Wandel. Die moderne Ökonomie, die allzu oft vom Kurzfristdenken und exogenen Schocks dominiert wird, täte gut daran, den Zyklus wieder als Matrix des ökonomischen Wandels zu begreifen.

Statistisch gesehen eröffnen Fortschritte im Bereich der Langzeitdaten, bayesianischer Methoden, maschinellen Lernens und frequenzanalytischer Verfahren neue, kraftvolle Werkzeuge, um empirische Komplexität mit theoretischer Tiefe zu verbinden. Doch bei aller methodischer Raffinesse dürfen die Vorsicht des Historikers und die Weisheit des langfristigen Beobachters nicht verlorengehen. Denn Messung ist nichts ohne Bedeutung, Regelmäßigkeit nichts ohne Absicht.

Abschließend – und wenn ich mir zum Schluss eine persönlichere Note erlauben darf – bin ich überzeugt, dass die Konjunkturforschung der Zukunft zugleich globaler, interdisziplinärer und reflexiver sein muss. Es geht nicht nur darum,

Wendepunkte der Konjunktur vorherzusagen, sondern die tiefen Rhythmen gesellschaftlichen Wandels besser zu verstehen. Der Zyklus ist kein Schicksal: Er ist ein Spiegel unserer kollektiven Entscheidungen, unserer Institutionen und unserer Lernfähigkeit. Er ist eine Dynamik aus Erinnerung und Innovation, aus Kontinuität und Bruch. Zyklen zu studieren heißt, Zeit zu denken – und Zeit zu denken heißt, mit Einsicht zu handeln.

Wir wissen heute, dass die auf Kydland und Prescott (1982) zurückgehenden DSGE-Modelle (Dynamische Stochastische Allgemeine Gleichgewichtsmodelle) nicht in der Lage waren, die globale Finanz- und Wirtschaftskrise von 2008–2009 vorherzusehen. Diese Modelle beruhen auf fragwürdigen Annahmen: repräsentative Agenten, vollständige Märkte, vollkommene Rationalität, vollkommener Wettbewerb... Konjunkturzyklen erscheinen in diesem Rahmen als optimale Reaktionen auf technologische Schocks. Folglich gelten sie als selbstregulierende Prozesse, in denen wirtschaftspolitisches Eingreifen wenig bis gar keine Rolle spielt. Doch diese Modelle erweisen sich als blind gegenüber den realen Dysfunktionalitäten der Wirtschaftsordnung: Finanzblasen, Instabilitäten im Bankensystem, Informationsasymmetrien, zunehmende Ungleichheiten... Gerade die Krise von 2008 – um abschließend auf mein Vorwort zurückzukommen – offenbarte diese Defizite in aller Deutlichkeit.

Weder die RBC-Modelle (Reale Konjunkturzyklusmodelle), die wirtschaftliche Schwankungen als Folge realer – insbesondere technologischer – Schocks erklären, noch die *„neukeynesianischen"* DSGE-Varianten vermochten es, die zentralen Mechanismen der Finanzintermediation adäquat zu integrieren. In diesem Rahmen – insbesondere bei den RBC-Modellen – entstehen Konjunkturzyklen nicht durch Fehlentwicklungen oder Ungleichgewichte, sondern als optimale Reaktionen von Unternehmen und Haushalten auf Produktivitätsveränderungen. Wirtschaftspolitisches Eingreifen gilt daher als unnötig oder gar schädlich. Und doch waren bereits 2007 zahlreiche Frühwarnzeichen für eine sich abzeichnende systemische Krise sichtbar: eine überhitzte Immobilienblase, die Schattenbanken-Problematik, wachsende Ungleichgewichte zwischen Realwirtschaft und Finanzsphäre.

Angesichts dieser Defizite besteht eine der zentralen Herausforderungen für die zukünftige Konjunkturtheorie darin, Theorie, Geschichte, Daten, Modellierung und Wirtschaftspolitik in der Praxis konsequenter miteinander zu verknüpfen.

Die Prognose wird dabei zur entscheidenden Bewährungsprobe für die Qualität eines Modells. Sie erfordert nicht nur die Berücksichtigung konjunktureller Brüche, sondern auch struktureller Umwälzungen, von Nichtstationaritäten sowie der mit jeder Zukunft verbundenen Unsicherheit bzw. Ungewissheit. Gerade in dieser theoretisch fundierten und zugleich empirisch verwurzelten Perspektive liegt eine der vielversprechendsten und notwendigsten Entwicklungsrichtungen zukünftiger wirtschaftswissenschaftlicher Forschung zum Konjunkturgeschehen.

Es ist Zeit, dass es Zeit wird!

Literatur

Alcouffe, A., & Diebolt, C. (Hrsg.). (2009). *La pensée économique allemande.* Economica.

Adelman, I., & Adelman, F. L. (1959). The Dynamic Properties of the Klein-Goldberger Model. *Econometrica, 27,* 596–625.

Aftalion, A. (1913). *Les crises générales et périodiques de surproduction,* 2 vols, M. Rivière et Cie.

Aimar, T., Bismans, F., & Diebolt, C. (2010). Le cycle économique : une synthèse. *Revue Française d'Economie, 24*(4), 3–65.

Aimar, T., Bismans, F., & Diebolt, C. (2016). *Business Cycles in the Run of History.* Springer.

Allen, R. G. D. (1940). Review of Jan Tinbergen, statistical testing of business cycle theories, vols I and II. *Economica, 7,* 335–339.

Anas, J., Billio, M., Ferrara, L., & LoDuca, M. (2007). A turning point chronology for the Euro-zone. In G. L. Mazzi & G. Savio (Hrsg.), *Growth and Cycle in the Euro zone* (S. 261–274). Palgrave MacMillan.

Artis, M., Krolzig, H.-M., & Toro, J. (2004). The European business cycle. *Oxford Economic Papers, 56,* 1–44.

Aviat, A., Bec, F., Diebolt, C., Doz, C., Ferrand, D., Ferrara, L., Heyer, E., Mignon, V., & Pionnier, P.-A. (2023). „Les cycles économiques de la France: une datation de référence". *Revue Economique, 72*(2), 5–52.

Bairoch, P. (1997). Victoires et déboires. Histoire économique et sociale du monde du XVI siècle à nos jours. Gallimard, tome 2.

Baxter, M., & King, R. G. (1999). Measuring business cycles: Approximate band-pass filters for economic time series. *Review of Economics and Statistics, 85,* 575–593.

Beveridge, S., & Nelson, C. (1981). A new approach to decomposition of economic time series into permanent and transitory components with particular attention to measurement of the business cycle. *Journal of Monetary Economics, 7,* 151–174.

Billio, M., Ferrara, L., Guegan, D., & Mazzi, G.-L. (2013). Evaluation of regime-switching models for real-time business cycle analysis of the euro area. *Journal of Forecasting, 32,* 577–586.

Bismans, F., & Mougeot, C. (2008). La théorie autrichienne du cycle économique: un test économétrique. *Revue française d'économie, 22,* 73–102.

Boschan, C., & Ebanks, W. W. (1978). „The phase-average trend: A new way of measuring growth". *Proceedings of the Business and Economic Statistics Section* (S. 332–335). American Statistical Association.

C. Diebolt, *Konjunkturzyklen*, https://doi.org/10.1007/978-3-658-49906-8

Bouniatian, M. (1935). *Depression, technical progress and devaluation*. Librairie générale de droit et de jurisprudence.

Box, G. E. P., & Jenkins, G. M. (1970). Time Series Analysis, Forecasting and Control. Holden Day, San Francisco.

Bry, G., & Boschan, C. (1971). *Cyclical Analysis of Time Series: Selected Procedures and Computer Programs*. NBER.

Burns, A. F., & Mitchell, W. C. (1946). *Measuring Business Cycles*. National Bureau of Economic Research.

Campbell, J. Y., & Mankiw, N. G. (1987). Permanent and transitory components in macroeconomic fluctuations. *American Economic Review, 77*, 111–117.

Cassel, G. (1927). *Theoretische Sozialökonomie*. A. Deichertsche Verlagsbuchhandlung.

Charles, A., Darné, O., Diebolt, C., & Ferrara, L. (2015). A new monthly chronology of the us industrial cycles in the prewar economy. *Journal of Financial Stability, 17*, 3–9.

Chauvet, M. (1998). An econometric characterization of business cycle dynamics with factor structure and markov switching. *International Economic Review, 39*, 969–996.

Chauvet, M., & Piger, J. (2008). A comparison of the real-time performance of business cycle dating methods. *Journal of Business Economics and Statistics, 26*, 42–49.

Chauvet, M., & Hamilton, J. (2006). Dating business cycle turning points. In C. Milas, P. Rothman, & D. van Dijk (Hrsg.), *Nonlinear Time Series Analysis of Business Cycles* (S. 1–54). Elsevier.

Chiang, A. C., & Wainwright, K. (2005). Fundamental methods of mathematical economics. Mc Graw-Hill New York fourth edition.

Christiano, L., & Fitzgerald, T. (2003). „The band pass filter". *International Economic Review, 44*, 435–465.

Clements, M. P., & Krolzig, H. M. (2003). „Business cycle asymmetries character- ization and testing based on Markov-switching autoregressions". *Journal of Busi- ness and Economic Statistics, 21*, 196–211.

Cogley, T. (2006). „Data Filters". *Article written for the New Palgrave Dictionary of Economics* (S. 10).

Cooley, T. F., & Le Roy, S. F. (1985). Atheoretical macroeconomics. *Journal of Monetary Economics, 16*, 283–308.

Cwik, P. (1998). The recession of 1990: A comment. *The Quarterly Journal of Austrian Economics, 1*, 85–88.

Darné, O., & Ferrara, L. (2011). Identification of slowdowns and accelerations for the euro area economy. *Oxford Bulletin of Economics and Statistics, 73*(3), 335–364.

Davis, J. H. (2006). An improved annual chronology of U.S. Business cycles since the 1790s. *Journal of Economic History, 66*, 103–121.

DeJong, D. N., & Dave, C. (2007). *Structural Macroeconometrics*. Princeton University Press.

Deschamps, P. (2008). Comparing smooth transition and Markov switching autoregressive models of US unemployment. *Journal of Applied Econometrics, 23*, 435–462.

Dickey, D., & Fuller, W. (1979). Distribution of the estimators for autoregressive time series with a unit root. *Journal of the American Statistical Association, 74*, 427–431.

Dickey, D., & Fuller, W. (1981). Likelihood ratio statistics for autoregressive time series with a unit root. *Econometrica, 49*, 1057–1072.

Diebold, F. X., & Rudebusch, G. D. (1992). Have postwar economic fluctuations been stabilized? *American Economic Review, 82,* 993–1005.
Diebold, X., & Rudebusch, G.D. (2001). „Five questions about business cycles". *Economic Review* (S. 1–15). Federal Reserve Bank of San Francisco.
Diebolt, C. (1993). „Du cycle conjoncturel au mouvement long de l'économie chez Arthur Spiethoff". *Economies et Sociétés.* Série F, *33,* 295–318.
Diebolt, C. (1997). „La théorie de la sous-consommation du cycle des affaires de Emil Lederer". *Economie Appliquée.* Tome XLX, *1,* 27–50.
Diebolt, C. (2007). Le cycle économique chez Arthur Spiethoff. *Revue d'Economie Politique, 117*(4), 631–641.
Diebolt, C. (2009). *Business Cycle Theory before Keynes.* Aracne.
Diebolt, C. (2024). „Cycles économiques: les leçons de l'histoire avant Keynes". In L. Ferrara & V. Mignon (Hrsg.), *Les cycles économiques. Une analyse empirique* (S. 3–30). Editions Economica, Collection „Corpus Économie".
Diebolt, C. (2024). „Cycles économiques: les analyses statistiques et les leçons de l'histoire après Keynes". In L. Ferrara & V. Mignon (Hrsg.), *Les cycles économiques. Une analyse empirique* (S. 31–54). Editions Economica, Collection „Corpus Économie".
Diebolt, C., & Haupert, M. (Hrsg.). (2024). *Handbook of Cliometrics, 3rd Edition, 3 Volumes.* Springer Nature.
Domar, E. (1946). Capital expansion, rate of growth and employment. *Econometrica, 14,* 65–77.
Dupriez, L. (1947). *Des mouvements économiques généraux,* 2 vols, Nauwelaerts, Louvain.
Fels, R. (1959). *American Business Cycles, 1865–1897.* University of North Carolina Press.
Ferrara, L. (2003). A three-regime real-time indicator for the US economy. *Economics Letters, 81,* 373–378.
Ferrara, L. (2009). Caractérisation et datation des cycles économiques en zone euro. *Revue économique, 60,* 703–712.
Fisher, I. (1930). *The Theory of Interest. As Determined by Impatience to Spend Income and Opportunity to Invest It.* Macmillan & Co.
Forni, M., Hallin, M., Lippi, M., & Reichlin, L. (2000). The generalized dynamic-factor model: Identification and estimation. *Review of Economics and Statistics, 82,* 540–554.
Forni, M., Hallin, M., Lippi, M., & Reichlin, L. (2001). Coincident and leading indicators for the euro area. *Economic Journal, 111,* C62–C85.
Freeman, C. (Hrsg.). (1996). *Long Wave Theory.* E. Elgar.
Friedman, M. (1940). Review of Jan Tinbergen, statistical testing of business cycle theories, vol. II: Business cycles in the United States of America, 1919–1932. *American Economic Review, 30,* 450–54.
Friedman, M. (1968). The role of monetary policy. *American Economic Review, 58,* 1–17.
Frisch, R. (1933). „Propagation Problems and Impulse Problems in Dynamic Economics". In K. Koch (Hrsg.), *Economic Essays in Honour of Gustav Cassel* (S. 171–205). Allen & Unwin.
Frisch, R. (1934). *Statistical Confluence Analysis by Means of Complete Regression Systems.* Universitetets Ökonomiske Institutt, Publ. n° 5, Oslo.
Frisch, R., & Holme, H. (1935). The characteristic solutions of mixed difference and differential equation. *Econometrica, 3,* 225–239.
Fuller, W. A. (1976). *Introduction to Statistical Time Series.* Wiley.

Garrison, R. W. (1986). Hayekian trade cycle theory: A reappraisal. *Cato Journal, 6,* 437–459.

Garrison, R. W. (1989). The Austrian theory of the business cycle in the light of modern macroeconomics. *The Review of Austrian Economics, 2,* 3–29.

Garrison, R. W. (1996). Central banking, free banking and financial crises. *The Review of Austrian Economics, 9,* 109–127.

Garrison, R. W. (1997). „Austrian theory of business cycles". In D. Glasner (Hrsg.), *Business Cycles and Depressions: An Encyclopaedia* (S. 23–27). Garland Publishing INC.

Garrison, R. W. (2001) *Time and Money. The Macroeconomics of Capital Structure.* Routledge.

Goodwin, R. M. (1951). The non-linear accelerator and the persistence of business cycles. *Econometrica, 19,* 1–17.

Goodwin, R. M. (1967). „A Growth Cycle". In C. H. Feinstein (Hrsg.), *Capitalism and Economic Growth* (S. 54–58). Cambridge University Press. Expanded and revised edition. In E. K. Hunt & J. G. Schwartz (Hrsg.), *A Critique of Economic Theory. Selected Readings* (S. 442–449). Penguin, Harmondsworth, 1972.

Gottschalk, H. (1932). Die Kaufkraftlehre. Eine Kritik der Unterverbrauchslehren von JA Hobson, E Lederer, WT Foster und W Catchings. Foster und W Catchings, Stuttgart, G Fischer.

Gordon, D., Weisskopf, T., & Bowles, S. (1983). Long swings and the nonreproductive cycle. *American Economic Review, 73,* 152–157.

Granger, C., & Newbold, P. (1974). Spurious regressions in econometrics. *Journal of Econometrics, 2,* 111–120.

Haavelmo, T. (1943). Statistical testing of business-cycle theories. *Review of Economic Statistics, 25,* 13–18.

Haavelmo, T. (1944). „The probability approach in econometrics". *Supplement to Econometrica* (S. 12).

Haberler, G. (1943). *Prosperity and depression. A theoretical study of business cycles.* League of Nations.

Hamilton, J. D. (1989). A new approach to the economic analysis of nonstationary time series and the business cycle. *Econometrica, 57,* 357–384.

Hamilton, J. D. (1990). Analysis of time series subject to changes in regime. *Journal of Econometrics, 45,* 39–70.

Hamilton, J. D. (1996). Specification testing in Markov-switching time series models. *Journal of Econometrics, 70,* 127–157.

Hansen, A. H. (1941). *Fiscal Policy and Business Cycles.* W.W. Norton & Company.

Hansen, A. H. (1951). *Business Cycles and National Income.* W. W. Norton & Company Inc.

Hansen, B. E. (1992). „The likelihood ratio test under non-standard conditions: testing the Markov trend model of GNP". *Journal of Applied Econometrics, 7,* S61–S82 (supplement).

Harding, D., & Pagan, A. (2002). Dissecting the cycle: A methodological investigation. *Journal of Monetary Economics, 49,* 365–381.

Harding, D., & Pagan, A. (2006a). „Measurement of business cycles". *Research Paper, 966,* 12. University of Melbourne.

Harding, D., & Pagan, A. (2006). Synchronisation of cycles. *Journal of Econometrics, 132,* 59–79.

Harrod, R. F. (1936). *The trade Cycle. An Essay. Reprints of Economic Classics*. Augustus M. Kelley, 1965.
Harrod, R. (1939). An Essay in dynamic theory. *Economic Journal, 49,* 14–33.
Harvey, A. (1989). *Forecasting. Structural Time Series Models and the Kalman Filter*. Cambridge University Press.
Hawtrey, R. G. (1913). *Good and Bad Trade*. Constable & Co Ltd.
Hawtrey, R. G. (1919). *Currency and Credit*. Longmans, Green & Co.
Hayek, F. von (1931). *Prices and Production*. Routledge & Sons.
Hayek, F. A. (1928). *Monetary Theory and the Trade Cycle*. Jonathan Cape.
Hayek, F. A. (1928). Equilibre intertemporel de prix et mouvements de valeur de la monnaie. *Revue française d'économie, 6*(1992), 105–149.
Hayek, F. A. (1974). „The Pretence of Knowledge". In F. A. Hayek (1978b), *New Studies in Philosophy, Politics, Economics and the History of Ideas* (S. 23–34). Routledge and Kegan.
Hayek, F. A. (1976). *Denationalisation of Money, An Analysis of the Theory and Practice of Concurrent Currencies*. The Institute of Economic Affairs.
Hayek, F. A. (1978a). *Denationalisation of Money – The Argument Refined. An Analysis of the Theory and Practice of Concurrent Currencies*. The Institute of Economic Affairs, Hobart Special Paper 70.
Hayek, F. A. (1984). *Money, Capital and Fluctuations, Early Essays*. Routledge and Kegan.
Hicks, J. (1937). Mr Keynes and the ‚classics': A suggested interpretation. *Econometrica, 5,* 147–159.
Hicks, J. (1939). *Value and capital. An inquiry into some fundamental principles of economic theory*. Second Edition, Clarendon Press, 1946.
Hicks, J. (1950). *A contribution to the Theory of the Trade Cycle*. At the Clarendon Press.
Hicks, J. R. (1967). The Hayek Story. *Critical Essays in Monetary Theory, Oxford University Press, 1972,* 203–215.
Hicks, J. (1981). „Are there Economic Cycles?" In J. Hicks (1982). *Collected Essays on Economic Theory. Vol. II, Money, Interest and Wages*. Harvard University Press, 1982.
Hicks, J. (1989). *A Market Theory of Money*. At the Clarendon Press.
Hodrick, R., & Prescott, E. (1997). Post-war U.S. Business cycles: An empirical investigation. *Journal of Money, Credit and Banking, 29,* 1–16.
Hood, W. C., & Koopmans, T. C. (Hrsg.). (1953). *Studies in Econometric Methods, Cowles Commission Monograph 14*. Wiley.
Hughes, A. M. (1997). The recession of 1990: An Austrian explanation. *The Review of Austrian Economics, 10,* 23–40.
Jevons, W. S. (1884). *Investigations in Currency and Finance*. Macmillan and co.
Juglar, C. (1862). *Des crises commerciales et de leur retour périodique en France, en Angleterre et aux Etats-Unis*. Guillaumin et Cie.
Juglar, C. (1889). *Des crises commerciales et de leur retour périodique en France, en Angleterre et aux Etats-Unis* (2. Aufl.). Guillaumin et Cie.
Kaldor, N. (1940). A model of the trade cycle. *Economic Journal, 50,* 78–92.
Kaldor, N. (1957). A model of economic growth. *Economic Journal, 67,* 89–106.
Kalecki, M. (1935). A macrodynamic theory of business cycles. *Econometrica, 3,* 327–344.
Kalecki, M. (1935b). „Essai d'une théorie du mouvement cyclique des affaires". *Revue d'économie politique,* 49ème année, S. 285–305.

Kalecki, M. (1943a). *Studies in Economic Dynamics*. Allen & Unwin. reprinted in *Collected Works of Michal Kalecki, II,* Clarendom Press, 1991.

Kalecki, M. (1943b). „Political Aspects of Full Employment". *Political Quarterly, 14*(4), S. 322–331. reproduced in *Collected Works of Michal Kalecki, I,* Clarendom Press, 1990, S. 347–356.

Kalecki, M. (1954). *Theory of Economic Dynamics: An Essay on Cyclical and Long-run Changes in Capitalist Economy*. Allen & Unwin. reprinted in *Collected Works of Michal Kalecki, II,* Clarendom Press, 1991.

Keeler, J. P. (2001). Empirical evidence on the Austrian business cycle theory. *The Review of Austrian Economics, 14,* 331–351.

Keynes, J. (1936). *The General Theory of Employment, Interest, and Money,* Harvest/ Harcourt, 1991.

Keynes, J. M. (1939). Professor Tinbergen's method. *Economic Journal, 49,* 558–568.

King, R. G., & Plosser, C. I. (1994). Real business cycles and the test of the adelmans. *Journal of Monetary Economics, 33,* 405–438.

Kirzner, I. (1973). *Competition and Entrepreneurship.* University of Chicago Press.

Kirzner, I. (1979). *Perception, Opportunity and Profit: Studies in the Theory of Entrepreneurship.* University of Chicago Press.

Klein, L. R. (1949, 1966). *The Keynesian Revolution.* The Macmillan Press Ltd, second edition, 1966.

Klein, L. R. (1950). *Economic Fluctuations in the United States 1921–1941I, Cowles Commission Monograph 11.* Wiley.

Klein, L. R., & Goldberger, A. S. (1955). *An Econometric Model of the United States 1929–1952.* North-Holland Publishing Company.

Kleinknecht, A. (1987). *Innovation Patterns in Crisis and Prosperity. Schumpeter's Long Cycle Reconsidered.* The Macmillan Press Ltd.

Kondratieff, N. (1926). Die langen Wellen der Konjunktur. *Archiv für Sozialwissenschaft und Sozialpolitik, 56,* 573–609.

Koopmans, T. C. (Hrsg.). *Statistical Inference in Dynamic Economic Models.* Cowles Commission Monograph 10, Wiley.

Kresge S., & Wenar, L. (Hrsg.). (1994). *Hayek on Hayek. An Autobiographical Dialogue.* The University of Chicago Press, The Bartley Institute.

Kuznets, S. (1929). Random events and cyclical oscillations. *Journal of the American Statistical Association, 24,* 258–275.

Kuznets, S. (1930). *Secular Movements in Production and Prices. Their Nature and their Bearing upon Cyclical Fluctuation.* Houghton Mifflin Co.

Kydland, F., & Prescott, E. (1982). Time to build and aggregate fluctuations. *Econometrica, 50,* 1345–1370.

Layton, A. P., & Smith, D. R. (2007). Business cycle dynamics with duration dependence and leading indicators. *Journal of Macroeconomics, 29,* 855–875.

Lederer, E. (1925). „Konjunktur und Krisen". *Grundriss der Sozialökonomik, 4,* 354–413. J. C. B. Mohr.

Long, J., & Plosser, C. (1983). Real business cycle. *Journal of Political Economy, 91,* 39–69.

Lucas, R. (1972). Expectations and neutrality of money. *Journal of Economic Theory, 4,* 103–124.

Lucas, R. (1974). Some international evidence on output inflation tradeoffs. *American Economic Review, 63,* 326–334.
Lucas, R. (1976). Econometric policy evaluation: A critique. In K. Brunner & A. Meltzern (Hrsg.), *The Phillips Curve and Labor Markets, Carnegie-Rochester Conference Series on Public Policy 1* (S. 19–46). North Holland.
Lumsdaine, R. L., & Papell, D. H. (1997). Multiple trend breaks and the unit root hypothesis. *Review of Economics and Statistics, 79,* 212–218.
Malthus, T. R. (1820). *Principes d'économie politique considérés sous le rapport de leur application pratique.* Calmann-Lévy, 1969.
Marx, K. (1867, 1885, 1894), *Capital. Critique de l'économie politique.* 8 volumes, Editions Sociales, 1948–1957.
Mensch, G. (1977). *Das technologische Patt. Innovationen überwinden die Depression.* Fischer Taschenbuch Verlag.
Mintz, I. (1969). „Dating postwar business cycles: Methods and their application to Western Germany". 1950–67, Occasional Paper No. 107, NBER.
Minsky, H. P. (1957). Monetary systems and accelerator models. *American Economic Review, 47,* 860–883.
Minsky, H. P. (1975). *John Maynard Keynes.* Mc Graw-Hill, 2008.
Minsky, H. P. (1986). *Stabilizing an Unstable Economy.* Mc Graw-Hill, 2008.
Miron, J. A., & Romer, C. D. (1990). A new monthly index of industrial production, 1884–1940. *Journal of Economic History, 50,* 321–32.
Mises, L. v. (1912). *The Theory of Money and Credit.* Yale University Press.
Mises, L. v. (1966). *L'action humaine: traité d'économie.* P.U.F., Libre-échange.
Mises, L. v. (1934/1978). *On the Manipulation of Money and Credit.* Free Market Books.
Mises, L. v. (1990). *Money, Method and the Market Process.* Kluwer Academic Publishers.
Mitchell, W. C. (1913). *Business Cycles and their Causes.* California University Memoirs.
Mitchell, W. C. (1931). *Der Konjunkturzyklus. Problem und Problemstellung.* H. Buske.
Moore, H. L. (1914), *Economic Cycles. Their Law and Cause.* Macmillan.
Moore G. H., & Zarnowitz V. (1986). The development and role of the national bureau of economic research's business cycle chronologies. In R. J. Gordon (Hrsg.), *The American Business Cycle: Continuity and Change, 25,* 735–79. NBER Studies in Business Cycles. University of Chicago Press.
Morgan, M. S. (1990). *The History of Econometric Ideas.* Cambridge University Press.
Mulligan, R. (2002). An hayekian analysis of the term structure of production. *The Quarterly Journal of Austrian Economics, 5,* 17–33.
Mulligan, R. (2006). An empirical examination of Austrian business cycles theory. *The Quarterly Journal of Austrian Economics, 9,* 69–93.
NBER. (2009). „Business cycles expansions and contractions". http://www.nber.org/cycles.html. Zugegriffen: 1. Sept. 2025.
Nelson, C. R. (1972). The prediction performance of the FRB-MIT-PENN model of the U.S. economy. *American Economic Review, 62,* 902–917.
Nelson, C. R., & Plosser, C. I. (1982). Trends and random walks in macroeconomic time series. *Journal of Monetary Economics, 10,* 139–162.
Nordhaus, W. D. (1975). The political business cycle. *Review of Economic Studies, 42,* 169–190.

O'Driscoll, G., & Shenoy, S. R. (1976). „Inflation, recession and stagflation". In E. G. Dolan (Hrsg.), *The Foundations of Modern Austrian Economics* (S. 185–211). Sheed and Ward.

Patinkin, D. (1956). *Money, Interest and Prices: An Integration of Monetary and Value Theory.* Row Peterson.

Perron, P. (1988). Trends and random walks in macroeconomic time series: Further evidence from a new approach. *Journal of Economic Dynamics and Control, 12,* 297–332.

Perron, P. (1989). The great crash, the oil price shock and the unit root hypothesis. *Econometrica, 57,* 1361–1401.

Persons, W. M. (1919). Indices of business conditions. *Review of Economic Statistics, 1,* 5–110.

Pigou, A. C. (1924). *Industrial Fluctuations.* Macmillan & Co.

Powell, B. (2002). Explaining Japan's Recession. *The Quarterly Journal of Austrian Economics, 5,* 35–50.

Ricardo, D. (1817, 1819, 1821). *On the Principles of Political Economy and Taxation.* In P. Sraffa (Hrsg.), *The Works and Correspondence of David Ricardo.* Cambridge University Press, Vol.1, 1951 (*Des principes de l'économie politique et de l'impôt,* Flammarion, Paris, 1992).

Robertson, D. H. (1948). *A Study of Industrial Fluctuation. An Enquiry into the Character and Causes of the So-called Cyclical Movements of Trade.* The London School of Economics and Political Science.

Romer, C. D. (1994). Remeasuring business cycles. *The Journal of Economic History, 54,* 573–609.

Romer, C. D. (1999). Changes in business cycles: Evidence and explanations. *Journal of Economic Perspectives, 13,* 23–44.

Romer, D. (1990). Endogenous technical change. *Journal of Political Economy, 98,* S71–S102.

Rothbard, M. (1975), *America's Great Depression.* Sheed and Ward.

Samuelson, P. A. (1939). Interactions between the multiplier analysis and the principle of acceleration. *Review of Economic Statistics, 21,* 75–78.

Samuelson, P. A. (1948). *Foundations of Economic Analysis.* Harvard University Press.

Samuelson, P. A., & Solow, R. M. (1960). Analytical aspects of anti-inflation policy. *American Economic Review, 50,* 177–194.

Say, J.-B. (1815–1821). Cours d'économie politique et autres essais. Flammarion, 1996.

Schumpeter, J. A. (1912). *Theorie der wirtschaftlichen Entwicklung.* Duncker & Humblot.

Schumpeter, J. (1939). *Business Cycles. A Theoretical, Historical and Statistical Analysis of the Capitalist Process.* 2 vols, McGraw-Hill Book Co.

Schumpeter, J. (1954). *History of Economic Analysis.* Oxford University Press.

Selgin, G., Lastrapes, W., & White, L. H. (2010). Has the fed been a failure? *Journal of Macroeconomics, 34,* 569–596.

Sims, C. A. (Hrsg.). (1977). *New Methods in Business Cycle Research. Proceedings from a Conference.* Federal Reserve Bank of Minneapolis.

Sims, C. (1980). Macroeconomics and reality. *Econometrica, 48,* 1–48.

Sims, C. (1980). Comparison of interwar and postwar cycles: Monetarism Reconsidered. *American Economic Review, 70,* 250–257.

Sismondi, L. (1827). *Nouveaux principes d'économie politique.* Delaunay, Paris, 2ème edition.

Slutsky, E. (1937). The summation of random causes as the source of cyclic processes. *Econometrica, 5,* 105–146.

Sismondi, L. S. de (1827). *Nouveaux principes d'économie politique.* Delaunay.

Spiethoff, A. (1902). „Vorbemerkungen zu einer Theorie der Überproduktion. Vortrag, gehalten am 17. Dezember 1901 in der Staatswissenschaftlichen Vereinigung zu Berlin". *Jahrbuch für Gesetzgebung, Verwaltung und Volkswirtschaft im Deutschen Reich, 26*(2), 267–305.

Spiethoff, A. (1955). *Die wirtschaftlichen Wechsellagen. Aufschwung, Krise, Stockung.* 2 Vols, J. C. B. Mohr.

Solow, R. (1956). A contribution to the theory of economic growth. *Quarterly Journal of Economics, 70,* 65–94.

Stock, J. H., & Watson, M. W. (1991). A Probabilistic Model of Coincident Economic Indicators. In K. Lahiri & G. H. Moore (Hrsg.), *Leading Economic Indicators: New Approaches and Forecasting Records* (S. 63–90). Cambridge University Press.

Stock J. H., & Watson M. W. (2010). Estimating Turning Points Using Large Data Sets. Working Paper No 16532, NBER.

Stuart Mill, J. (1848, 1871). *Principles of Political Economy with Some of Their Applications to Social Philosophy.* Augustus M. Kelley, 1987.

Temin P. (1998). The causes of American business cycles: An essay in economic historiography. Working Paper No 6692, NBER.

Teräsvirta, T. (1994). Specification, estimation, and evaluation of smooth transition autoregressive models. *Journal of the American Statistical Association, 89,* 208–218.

Thorp W. L. (1926). Business Annals. NBER General Series No 8. NBER.

Tinbergen, J. (1935). Annual survey: Suggestions on quantitative business cycle theory. *Econometrica, 3,* 241–308.

Tinbergen, J. (1936). „Kan hier te lande, al dan niet na Overheidsingrijpen, een verbetering van de binnenlandse conjunctuur intreden, ook zonder verbetering van onze exportpositie". *Prae-adviezen voor de Vereniging voor de Staathuishoudkunde en de Statistiek,* 's Gravenhage, S. 62–108; translated into English as „An Economic Policy for 1936". In L. H. Klaassen, L. M. Koyck, & H. J. Witteveen (Hrsg.), *Jan Tinbergen: Selected Papers.* North-Holland, 1959.

Tinbergen, J. (1937). *An Econometric Approach to Business Cycle Problems.* Hermann.

Tinbergen, J. (1939). *Statistical Testing of Business-Cycle Theories,* Vol. I: *A Method and its Application to Investment Activity*; Vol. II: *Business Cycles in the United States of America, 1919–1932.* League of Nations.

Tinbergen, J. (1940). On a method of statistical business cycle research: A reply. *Economic Journal, 50,* 141–154.

Tong, H. (1990). *Non-linear Time Series: A Dynamical Approach.* Oxford Scientific Publications.

Tugan-Baranowsky, M. (1901). *Studien zur Theorie und Geschichte der Handelskrisen in England.* G. Fischer.

Valavanis, S. (1959). *Econometrics. An Introduction to Maximum Likelihood.* Mc Graw-Hill.

Veblen, T. (1904). *The Theory of Business Enterprise.* Charles Scribner's Sons.

Vogel, E. H. (1928). „Die Theorie des volkswirtschaftlichen Entwicklungsprozesses und ihre Fortbildung durch eine evolutionäre Konjunkturtheorie", article in three parts. *Jahrbücher für Nationalökonomie und Statistik, 128,* S. 321–387, 481–518 und 663–705.

Watson, M. W. (1989). Business-cycle duration and postwar stabilization of the U.S. *Economy. American Economic Review, 84,* 24–46.

Wicksell, K. (1898). *Geldzins und Güterpreise.* G. Fischer.

Williamson, J. (1974). *Late Nineteenth-Century American Development: A General Equilibrium History.* Cambridge University Press.

Wicksell, K. (1898), *Geldzins und Güterpreise.* G. Fischer.

Yule, G. U. (1926). Why do sometimes get nonsense correlations between time series? A study in sampling and the nature of time series. *Journal of the Royal Statistical Society, 89,* 1–64.

Zarnowitz V. (1981). Business cycles and growth: Some reflections and measures. In W. J. Muckl & A. E. Ott (Hrsg.), *Wirtschaftstheorie und Wirtschaftspolitik: Gedenkschrift für Erich Preiser* (S. 475–508). Passavia Universitätsverlag.

Zivot, E., & Andrews, D. W. K. (1992). Further evidence on great crash, the oil price shock and the unit root hypothesis. *Journal of Business and Economic Statistics, 10,* 251–270.

Made in the USA
Monee, IL
19 October 2026

66036579R00069